DER HÖCHSTE GRAD DER
LANDSCHAFTLICHEN GARTENKUNST
IST NUR DA ERREICHT, WO SIE
WIEDER FREIE NATUR, JEDOCH IN
IHRER EDELSTEN FORM,
ZU SEIN SCHEINT.

FÜRST HERMANN VON PÜCKLER-MUSKAU

NAJWYŻSZY STOPIEŃ
OGRODOWEJ SZTUKI KRAJOBRAZU
ZOSTAJE OSIĄGNIĘTY TYLKO TAM,
GDZIE WYDAJE SIĘ BYĆ ONA ZNÓW
WOLNĄ NATURĄ W SWOJEJ
NAJSZLACHETNIEJSZEJ FORMIE.

KSIĄŻĘ HERMANN VON PÜCKLER-MUSKAU

WIR SIND NÄMLICH NICHT IMSTANDE, IN DER LANDSCHAFTLICHEN

GARTENKUNST EIN BLEIBENDES, FEST ABGESCHLOSSENES WERK

ZU LIEFERN, WIE DER MALER, DER BILDHAUER UND ARCHITEKT,

WEIL ES NICHT EIN TOTES, SONDERN EIN LEBENDES IST,

UND GLEICH DEN BILDERN DER NATUR AUCH DIE UNSRIGEN,

WIE FICHTE VON DER DEUTSCHEN SPRACHE SAGTE: IMMER WERDEN,

UND NICHT SIND – DAS HEISST NIE STILLSTEHEN, NIE GANZ FIXIERT

UND SICH SELBST ÜBERLASSEN WERDEN KÖNNEN.

FÜRST HERMANN VON PÜCKLER-MUSKAU

MARINA HEILMEYER STEFAN KÖRNER GERT STREIDT
LEO SEIDEL FOTOGRAFIEN FOTOGRAFIE

GRÜNE PARADIESE
HISTORISCHE GÄRTEN IN DER LAUSITZ

ZIELONE RAJE
ZABYTKOWE OGRODY NA ŁUŻYCACH

Europäischer Parkverbund Lausitz
Europejski Związek Parków Łużyckich

 BRAUS

NIE JESTEŚMY BOWIEM W STANIE DOSTARCZYĆ

W KRAJOBRAZOWEJ SZTUCE OGRODOWEJ DZIEŁA STATYCZNEGO,

W PEŁNI UKOŃCZONEGO, JAK MALARZ, RZEŹBIARZ CZY ARCHITEKT,

PONIEWAŻ NIE JEST ONO DZIEŁEM MARTWYM, LECZ ŻYWYM,

I NA RÓWNI Z OBRAZAMI NATURY RÓWNIEŻ NASZE DZIEŁA,

JAK POWIEDZIAŁ FICHTE O JĘZYKU NIEMIECKIM, ZAWSZE SIĘ STAJĄ,

A NIE SĄ – TO ZNACZY NIGDY NIE STOJĄ W MIEJSCU, NIE SĄ ZAFIKSOWANE

I NIE MOGĄ ZOSTAĆ POZOSTAWIONE SAME SOBIE.

KSIĄŻĘ HERMANN VON PÜCKLER-MUSKAU

INHALT

SPIS TREŚCI

GRÜNE PARADIESE –
HISTORISCHE GÄRTEN UND PARKS
IN DER LAUSITZ

Nur in der Lausitz treffen Schlösser und Gärten in Reichtum und Vielzahl auf Industrielandschaften im Wandel und Umbruch. Seit 400 Jahren entstehen die Landschaften der Lausitz in Brandenburg, Sachsen und Polen stetig neu – Zerstörung und Schöpfung durch den Menschen liegen faszinierend nah. Während die Region nach dem Ende der Braunkohle als größte Landschaftsbaustelle Europas im Fokus steht, ist die reiche Kulturlandschaft mit Schlössern und Gärten vom Barock bis zum frühen 20. Jahrhundert stetig eine neue Entdeckung.

Einst waren es die stolzen Standesherrschaften, die hier zwischen Brandenburg-Preußen, Sachsen, Schlesien und Böhmen kleine Musenhöfe entstehen ließen, später waren es weit gereiste Adelige oder selbstbewusste Bürger, die Parks zur Repräsentation und Erholung anlegten. Architektur und Gartenkunst verbanden die Weite der Landschaft zwischen Neiße, Bober und Spree und schufen eine gemeinsame Kulturlandschaft, in der im späten 19. Jahrhundert prosperierende Textil- und Industriestädte wuchsen. Der Kohleberg-bau veränderte Teile dieser Region im 20. Jahrhundert nachhaltig; die Renaturierung eröffnet jedoch seit Jahrzehnten aufsehenerre-gende neue Landschaftsprojekte, wie das Seenland, die die Lausitz zu einer der abwechslungsreichsten Landschaften Europas machen. Der 2010 gegründete Europäische Parkverbund Lausitz verbindet neun der herausragendsten Gartenschöpfungen und Schlösser des Grafen Brühl, des Fürsten Pückler, der Herzogin von Sagan, aber auch der Bürger Forsts miteinander. Entdecken Sie das UNESCO-Welt-erbe Muskauer Park, den wiedererstehenden Park in Brody (Pförten), den Barockgarten in Neschwitz, die geschichtsträchtigen Anlagen

ZIELONE RAJE –
ZABYTKOWE OGRODY I PARKI
NA ŁUŻYCACH

Tylko na Łużycach występuje takie bogactwo i taka różnorodność pałaców i ogrodów w stale zmieniającym się krajobrazie przemysłowym. Od 400 lat na Łużycach w Brandenburgii, Saksonii i Polsce stale powstają nowe krajobrazy – dokonywane przez człowieka zniszczenie i tworzenie jest tu na wyciągnięcie ręki. Podczas gdy po zakończeniu wydobycia węgla region znalazł się w centrum uwagi jako największy plac budowy w procesie powstawania nowego krajobrazu w Europie, tak jego bogaty krajobraz kulturowy z pałacami i ogrodami z okresu baroku aż po początek XX wieku nadal jest odkrywany na nowo.

Dawniej małe dwory artystyczne powstawały w ambitnych państwach stanowych w Brandenburgii-Prusach, Saksonii, na Śląsku i w Czechach. Później podróżujący po świecie przedstawiciele arystokracji i świadomi mieszczanie zaczęli zakładać parki w celach reprezentacyjnych i rekre-acyjnych. Architektura i sztuka ogrodowa połączyły ze sobą rozległe krajobrazy nad Nysą, Bobrem i Sprewą, tworząc wspólny krajobraz kulturowy, w którym w końcówce XIX wieku powstały dobrze prosperu-jące miasta przemysłowe, głównie z przemysłem tekstylnym. W XX wieku górnictwo węgla trwale zmieniło część regionu, jednak renaturyzacja prowadzi od kilku dekad do realizacji tak głośnych nowych projektów, jak „Pojezierze Łużyckie", dzięki któremu ma powstać jeden z najbar-dziej urozmaiconych krajobrazów w Europie.

Założony w roku 2010 Europejski Związek Parków Łużyckich zrzesza dziewięć wyśmienitych obiektów ogrodowych i pałaców hrabiego Brühla, księcia Pücklera, księżnej żagańskiej, a także założony przez mieszczan ogród w Forst. Zapraszamy Państwa do odkrywania Parku Mużakowskiego – miejsca dziedzictwa światowego, rewitalizowanego parku w Brodach, ogrodu barokowego w Neschwitz, historycznych

von Żagań (Sagan) und Zatonie (Günthersdorf), das sächsischste aller Schlösser Brandenburgs in Altdöbern, den letzten bedeutenden Landschaftsgarten Europas in Branitz, die phantastische Rakotzbrücke in Kromlau oder den bürgerstolzen Forster Rosengarten. Erkunden Sie zu Fuß, auf dem Rad, auf dem Wasser diesen europäischen Schatz von Parks und Schlössern in einer Landschaft in stetiger Bewegung.

NESCHWITZ – BAROCKE SOMMERRESIDENZ

Am Rande des UNESCO-Biosphärenreservats »Oberlausitzer Heide- und Teichlandschaft« befindet sich ca. 14 km nordwestlich von Bautzen die Schloss- und Parkanlage Neschwitz. Das barocke Schloss und den Garten ließ Herzog Friedrich Ludwig von Württemberg-Winnental (1690–1734) für seine Frau Fürstin Katharina von Teschen, geschiedene Lubomirska (1680–1743), zwischen 1721 und 1723 errichten. Es diente der ehemaligen Mätresse Augusts des Starken mit ihrem Gemahl als Sommerresidenz in der Lausitz, wenn dieser nicht gerade auf Feldzügen quer durch Europa war.
Nach Besitzerwechseln im späten 18. Jahrhundert entstand neben dem formalen Barockgarten ein Landschaftsgarten. Beide Kunstformen bilden mit den Architekturen ein in sich geschlossenes Gesamtkunstwerk. Heute wird das Schloss für standesamtliche Trauungen der Gemeinde Neschwitz und als Konzertsaal genutzt. In zwei der barocken Pavillons sind die Naturschutzstation des Landkreises Bautzen und die Sächsische Vogelschutzwarte untergebracht.

BRODY – PERLE DER NIEDERLAUSITZ

Seine Blütezeit erlebte Pförten, das heutige Brody, in der Mitte des 18. Jahrhunderts als schillernde Residenz des sächsischen Premierministers Graf Heinrich von Brühl (1700–1763). Der kunstsinnige und machtvolle Staatsmann der sächsischen Herrscher auf dem polnischen Thron initiierte den Umbau der Schlossanlage und der dazu gehörenden Ortschaft zu einem übergreifenden Ensemble im Stil des sächsischen Barocks. In dieser Zeit wurde Pförten oft als »Perle der Niederlausitz« bezeichnet und blieb bis 1945 in Familienbesitz.

parków w Żaganiu i Zatoniu, najbardziej saksońskiego pałacu w Brandenburgii – pałacu w Altdöbern, ostatniego znaczącego ogrodu krajobrazowego Europy w Branitz, fantastycznego Mostu Raka (Rakotzbrücke) w Kromlau czy dumy mieszczan – Ogrodu Różanego w Forst. Zachęcamy do poznania tej europejskiej skarbnicy parków i pałaców w stale zmieniającym się regionie podczas wycieczek pieszych, rowerowych lub wodnych.

NESCHWITZ – BAROKOWA REZYDENCJA LETNIA

Zespół pałacowo-parkowy Neschwitz znajduje się na skraju rezerwatu biosfery UNESCO »Oberlausitzer Heide- und Teichlandschaft« („Górnołużycka Kraina Wrzosowisk i Stawów") w odległości ok. 14 km na północny zachód od Bautzen. Barokowy pałac i ogród wybudował w latach 1721 do 1723 książę Fryderyk Ludwik Wirtemberski-Winnental (1690–1734) dla swojej żony, księżniczki cieszyńskiej Urszuli Katarzyny Bokum, wcześniej hrabiny Lubomirskiej (1680–1743). Służył on dawnej metresie króla Augusta Mocnego i jej mężowi jako rezydencja letnia na Łużycach, gdy ten akurat nie brał udziału w wyprawach zbrojnych w całej Europie.
Po zmianach właścicieli pod koniec XVIII wieku powstał obok formalnego ogrodu barokowego ogród krajobrazowy. Oba obiekty tworzą wraz z elementami architektury całościowe dzieło sztuki. Obecnie pałac wykorzystywany jest jako sala ślubów USC Neschwitz oraz jako sala koncertowa. W dwóch barokowych pawilonach mieszczą się Terenowa Stacja Ochrony Przyrody powiatu Bautzen i Saksońska Stacja Ornitologiczna.

BRODY – PERŁA DOLNYCH ŁUŻYC

Swój rozkwit Brody, dawniej Pförten, przeżywały w połowie XVIII wieku jako rezydencja saskiego premiera, hrabiego Heinricha von Brühla (1700–1763). Ten znający się na sztuce mąż stanu w służbie władców Saksonii na polskim tronie zainicjował przebudowę pałacu i należącej do niego miejscowości, tworząc zespół architektoniczny w stylu saskiego baroku. W tym okresie Brody często były nazywane „Perłą Dolnych

Trotz zweimaliger Zerstörung, das erste Mal im Jahr 1758 auf Befehl Friedrichs des Großen im Siebenjährigen Krieg, das zweite Mal zum Ende des Zweiten Weltkrieges, lebt Pförten weiter und wird heute, nicht zuletzt mit viel ehrenamtlichen Engagement, als gemeinsames deutsch-polnisches Kulturerbe restauriert und gepflegt. Zuletzt wurde das Forster Tor wiederhergestellt.

BAD MUSKAU – RIESENHAFTE IDEALLANDSCHAFT

Der Muskauer Park verbindet außergewöhnliche Natur und Kunst: weitläufige Wiesen, majestätische Bäume, geschwungene Wege, pittoreske Seen und Flüsse, einzigartige Brücken und Bauten. Auf über 830 Hektar erstreckt sich der Park beiderseits der Neiße. Zu Fuß, per Kutsche, Fahrrad oder Boot lässt sich das Gartenreich erkunden. Was natürlich scheint, ist bis ins Detail geplant – ein Gartenkunstwerk von Fürst Hermann von Pückler-Muskau (1785–1871). Der Standesherr gestaltete seinen Landschaftspark zwischen 1815 und 1845.

In seinem Geiste erhalten deutsche und polnische Denkmalpfleger den Park heute. Für die UNESCO Anlass, ihn 2004 in das Welterbe der Menschheit aufzunehmen. Ihr Urteil: »Der Muskauer Park / Park Mużakowski ist ein außergewöhnliches Beispiel für einen europäischen Landschaftspark und eine künstlerische Ideallandschaft. Der Park steht darüber hinaus für einen neuen Ansatz der Landschaftsgestaltung im städtischen Raum.«

BRANITZ – PYRAMIDEN IN DER LAUSITZ

Die Branitzer Parklandschaft in Cottbus ist das Alterswerk des Gartengestalters Fürst Hermann von Pückler-Muskau (1785–1871). Ab 1846 schuf der »Grüne Fürst« aus einer kargen Agrarlandschaft einen Landschaftspark nach englischem Vorbild. Durch aufwändige Erdmodellierungen, künstlich angelegte Wasserläufe und Seen sowie geschickte Komposition von Gehölzgruppen und Einzelbäumen entstand auf über 620 Hektar Fläche eine idealisierte Park- und Kulturlandschaft.

Łużyc", pozostając do roku 1945 w rękach rodziny.
Mimo dwukrotnego zniszczenia, pierwszy raz z rozkazu Fryderyka Wielkiego w trakcie wojny siedmioletniej, drugi pod koniec II wojny światowej, Brody dalej istnieją i dziś są restaurowane i pielęgnowane dzięki zaangażowaniu obywatelskiemu jako wspólne polsko-niemieckie dziedzictwo kulturowe. Ostatnio odrestaurowano Bramę Zasiecką.

BAD MUSKAU – OGROMNY WYIDEALIZOWANY KRAJOBRAZ

Park Mużakowski łączy w sobie nadzwyczajną przyrodę i sztukę – rozległe łąki, majestatyczne drzewa, kręte aleje, malownicze jeziorka i rzeki, unikalne mostki i budowle. Park rozciąga się na ponad 830 hektarach po obu stronach Nysy. Park można zwiedzać pieszo, powozem, rowerem lub łodzią. To co wydaje się tu być naturalne, zostało w szczegółach zaplanowane i stanowi dzieło sztuki ogrodowej księcia Hermanna von Pückler-Muskau (1785–1871). Ten pan stanowy tworzył swój park w latach 1815–1845.

W jego duchu niemieccy i polscy konserwatorzy zabytków zachowali park do dziś. Był to dla UNESCO wystarczający powód, by w roku 2004 wpisać park na listę światowego dziedzictwa ludzkości. Ich ocena: „Muskauer Park / Park Mużakowski jest nadzwyczajnym przykładem europejskiego parku krajobrazowego i artystycznie wyidealizowanym krajobrazem. Park symbolizuje ponadto nowe podejście w ogrodnictwie krajobrazowym na obszarach zurbanizowanych".

BRANITZ – PIRAMIDY NA ŁUŻYCACH

Park Branitz w Cottbus to późne dzieło architekta ogrodowego księcia Hermanna von Pückler-Muskau (1785–1871). Począwszy od roku 1846 „Książę Zieleni" zaczął tworzyć z ubogich terenów rolniczych park krajobrazowy według wzorca angielskiego. Dzięki żmudnemu przemodelowaniu terenu, sztucznie założonym ciekom wodnym i jeziorkom oraz udanej kompozycji grup drzew i soliterów powstał na powierzchni 620 hektarów wyidealizowany krajobraz parkowy i kulturowy. Wyróżnikiem parku są dwie porośnięte zielenią i usypane z ziemi

Das besondere Alleinstellungsmerkmal des Branitzer Parks sind zwei begrünte Erdpyramiden. Fürst Pückler ließ sie als Reminiszenzen an seine Orientreise errichten. In der Wasserpyramide sind der Fürst und seine Frau Lucie bestattet. Mittelpunkt der Parkanlage ist das barocke Schloss. Die aufwändig restaurierten Innenräume mit original erhaltener Ausstattung vermitteln einen authentischen Eindruck der exzentrischen Lebenswelt des »Grünen Fürsten«.

ZATONIE – MUSENORT DER DOROTHEA VON TALLEYRAND

Zatonie, früher Günthersdorf, war neben Żagań die zweite Residenz der Herzogin Dorothea Talleyrand, die aus dem baltischen Herzogshaus von Kurland stammte. Nach ihrer Liaison mit dem berühmten französischen Außenminister Talleyrand, pikanterweise Onkel ihres Gatten, in Paris residierte die Herzogin von 1840 bis 1844 abwechselnd in Zatonie und in Berlin. In dieser Zeit ließ sie den Garten erweitern und das Schloss im klassizistischen Stil umbauen. Es entstand ein Landschaftspark mit Alleen, kleinen Seen und Blumenrabatten, der durch schöne Sichten mit der umliegenden Landschaft verbunden war.

Nach dem Zweiten Weltkrieg brannte das Schloss ab, der Park verfiel und geriet in Vergessenheit. Dank des ehrenamtlichen Einsatzes der Mitglieder des Vereins »Nasze Zatonie« (»Unser Zatonie«) wurde in den Jahren 2011 bis 2014 der Wildwuchs beseitigt und damit der wertvolle Altbaumbestand freigestellt. Inzwischen ist der gesamte Park wiederhergestellt. Die sanierte Schlossruine wird als Veranstaltungsort genutzt und abends spektakulär beleuchtet.

ŻAGAŃ – RESIDENZ DER HERZÖGE VON SAGAN

Die das Stadtbild dominierende großartige Schloss- und Parkanlage in Żagań, früher Sagan, ist ein geschichtsträchtiger Ort. Schon Albrecht von Wallenstein ließ in seiner Regierungszeit in der ersten Hälfte des 17. Jahrhunderts das Schloss und den Garten ausbauen. Besondere Bedeutung erlangte Sagan im 19. Jahrhundert als Residenz

piramidy, stanowiące reminiscencje z podróży księcia Pücklera do Orientu. W piramidzie na wodzie zostali pochowani książę oraz jego małżonka Lucie. Centralnym punktem parku jest barokowy pałac. Starannie odrestaurowane wnętrza z oryginalnym zachowanym wyposażeniem doskonale oddają autentyczny świat ekscentrycznego Księcia Zieleni.

ZATONIE – SIEDZIBA MUZ DOROTY DE TALLEYRAND

Zatonie, dawniej Günthersdorf, było obok Żagania drugą rezydencją księżnej Doroty de Talleyrand, pochodzącej z bałtyckiej rodziny książęcej w Kurlandii. Po swoim romansie ze sławnym francuskim ministrem spraw zagranicznych Talleyrandem, zresztą wujkiem swojego męża, co dodaje tej historii pikanterii, księżna rezydowała w latach 1840–1844 na zmianę w Zatoniu i Berlinie. W tym okresie poleciła powiększyć tutejszy ogród i przebudować pałac w stylu klasycystycznym. Powstał park krajobrazowy z alejkami, małymi stawami i rabatami kwiatowymi, który łączył się pięknymi osiami widokowymi z otaczającym krajobrazem.

Po II wojnie światowej pałac spłonął, a park popadł w ruinę i zapomnienie. Dzięki zaangażowaniu obywatelskiemu członków stowarzyszenia „Nasze Zatonie" usunięło w latach 2011–2014 samosiewy, odsłaniając dzięki temu cenny starodrzew. Następnie cały park został zrewitalizowany. Zabezpieczone ruiny pałacu są wykorzystywane na wydarzenia, a wieczorem są dodatkowo wspaniale podświetlone.

ŻAGAŃ – REZYDENCJA KSIĄŻĄT ŻAGAŃSKICH

Dominujący nad miastem wspaniały zespół parkowo-pałacowy w Żaganiu (dawniej Sagan) jest miejscem o bogatej historii. Już Albrecht von Wallenstein polecił w okresie swojego panowania w pierwszej połowie XVII wieku pierwszą rozbudowę pałacu i ogrodu. Szczególne znaczenie Żagań zyskał w XIX wieku jako rezydencja księżnej Doroty Talleyrand-Périgord, od 1845 r. księżnej żagańskiej (1793–1862). Za poradą księcia Pücklera obeznana w świecie księżna poleciła

der Herzogin Dorothea Talleyrand-Périgord, ab 1845 Herzogin von Sagan (1793–1862).

Beraten vom Fürsten Pückler ließ die weltgewandte Herzogin besonders den Park am Ufer des Bober zu einem Landschaftsgarten umgestalten und erheblich erweitern. Im Ergebnis erlangte die Parkanlage in Sagan ein hohes Ansehen und galt als gleichwertig im Vergleich zu denen in Muskau und in Branitz. Heute, nach umfangreichen Restaurierungsarbeiten der letzten Jahre, erzählen Schloss und Park Żagań wieder die große Geschichte einer wahrhaft europäischen Residenz.

KROMLAU – IM REICH DER RHODODENDREN

Eingebettet in die eindrucksvolle Landschaft des Muskauer Faltenbogens, liegt inmitten des Landschaftsschutzgebietes »Kromlau-Gablenzer Restseengebiet« und unweit des Parks in Bad Muskau der Rhododendronpark Kromlau. Besonders wenn sich zur Blütezeit der immergrünen Rhododendren und sommergrünen Freilandazaleen der Park in ein Blütenmeer verwandelt, ist Kromlau Anziehungspunkt für zahlreiche Besucher aus Nah und Fern. Doch auch die vom visionären Großgrundbesitzer Friedrich Herrmann Roetschke (1805–1893) geschaffenen Basaltensembles in der Parklandschaft, darunter besonders die einzigartige Rakotzbrücke, erlangen einen immer größeren Bekanntheitsgrad. Unzählige Fotos der mystisch anmutenden Brücke finden sich mittlerweile im Internet. Angelegt wurde der Kromlauer Park durch den leidenschaftlichen Naturfreund Roetschke mit zahlreichen botanischen Raritäten, wobei wiederum Fürst Pückler als künstlerischer Inspirator gewirkt haben dürfte.

ALTDÖBERN – SACHSEN IN BRANDENBURG

Formal und landschaftlich – so präsentiert sich der Schlosspark Altdöbern seinen Gästen. Die gelungene Verbindung eines Barockgartens mit einem Landschaftspark entwickelt sich mehr und mehr zu einer Perle der Gartenkunst zwischen Berlin und Dresden. Die Spuren, die berühmte Architekten, Gartenkünstler und Bildhauer in Altdöbern

przekształcić przede wszystkim położony nad brzegiem Bobru park w ogród krajobrazowy. Dzięki temu park w Żaganiu zyskał dużą sławę i uchodził za równorzędny z obiektami w Mużakowie i Branitz. Dziś, po szeroko zakrojonych pracach rewitalizacyjnych w ostatnich latach, park i pałac żagański opowiadają znowu historię prawdziwej europejskiej rezydencji.

KROMLAU – W ŚWIECIE RODODENDRONÓW

Niedaleko Parku Mużakowskiego, pośrodku obszaru krajobrazu chronionego »Kromlau-Gablenzer Restseengebiet« („Obszar zbiorników powyrobiskowych Kromlau-Gablenz”) leży wkomponowany w imponujący krajobraz Łuku Mużakowa Park Rododendronów Kromlau. Gdy w okresie kwitnienia zimozielonych rododendronów i letnich azalii park zamienia się w morze kwiatów, Kromlau przyciąga licznych gości z daleka i bliska. Coraz większą rozpoznawalnością cieszą się tu jednak również stworzone przez tajemniczego posiadacza ziemskiego Friedricha Herrmanna Rötschke (1805–1893) parkowe formy bazaltowe, wśród nich szczególnie Most Raka (Rakotzbrücke). Niezliczone zdjęcia mistycznie nastrajającego mostu można odnaleźć już także w internecie. Park Kromlau z licznymi botanicznymi okazami został założony w 1844 roku przez pasjonata przyrody, Rötschkego, ale artystycznym jego doradcą był prawdopodobnie znowu książę Pückler.

ALTDÖBERN – SAKSONIA W BRANDENBURGII

Park przypałacowy w Altdöbern prezentuje się swoim gościom w wydaniu formalnym i krajobrazowym. To udane połączenie ogrodu barokowego z parkiem krajobrazowym stanowi prawdziwą perłę sztuki ogrodowej na terenie pomiędzy Berlinem i Dreznem. Świadectwa pozostawione w Altdöbern przez znanych architektów, twórców ogrodów i rzeźbiarzy są od kilku lat wzorcowo rewitalizowane i opowiadają wielką historię tego szczególnego miejsca. Odrestaurowane aleje, ciekawe osie widokowe, bogate nasadzenia, fontanny, rzeźby i oryginalne obiekty architektury ogrodowej tworzą urok tego parku. Ogród barokowy i pałac z bogatymi zbiorami malarstwa rokokowego

hinterlassen haben, werden seit einigen Jahren mustergültig saniert und erzählen von der großen Geschichte dieses besonderen Ortes. Restaurierte Wege, spannende Sichtachsen, umfangreiche Bepflanzungen, Wasserspiele, Skulpturen und originelle Parkarchitekturen machen den Reiz der Parkanlage aus.

Der Barockgarten und das prachtvoll mit Rokoko-Malereien ausgestattete Schloss entstanden unter Carl Heinrich von Heineken (1707–1791), Kunstberater des sächsischen Premiers Graf Brühl und Direktor des Dresdner Kupferstichkabinetts, der auch den Ort umfassend umgestaltete. Im 19. Jahrhundert war es der Pückler-Schüler Carl Eduard Petzold (1815–1891), der den Park um 55 Hektar zu einem Landschaftspark erweiterte. Das Schloss durchlebte im 20. Jahrhundert eine dramatische Geschichte und wartet heute auf eine seiner Bedeutung gerecht werdende Nutzung.

ROSENGARTEN FORST –
DIE BÜRGER SCHAFFEN EINE OASE

Mit der Industrialisierung im 19. Jahrhundert entwickelte sich das Tuchmacherstädtchen Forst rasant zum Zentrum der deutschen Tuchproduktion, zum »Manchester des Ostens«. Die Einwohnerzahl wuchs stark und die damaligen Arbeits- und Lebensbedingungen ließen das Bedürfnis der Menschen nach Grün- und Erholungsräumen entstehen.

So legten zu Beginn des 20. Jahrhunderts die stolzen Bürger der Stadt auf der Wehrinsel in der Neiße einen Volkspark an und eröffneten hier 1913 die erste großen Rosen- und Gartenbauausstellung: Die Geburtsstunde der Deutschen Rosenschauen und des Ostdeutschen Rosengartens in Forst, der die große Tradition der Lausitzer Adelsgärten in unsere Zeit modern überträgt. Der 17 Hektar große Bürgergarten bezaubert durch die einzigartige Komposition aus Gartenkunst, Landschaftsarchitektur und botanischer Vielfalt. Rosenliebhaber können bis heute hier zehntausende Rosen in fast 1.000 Sorten bewundern und ein umfangreiches Kulturprogramm über das ganze Jahr erleben.

powstały za czasów Carla Heinricha von Heinekena (1707–1791), dyrektora drezdeńskiego Gabinetu Miedziorytów, który doradzał saksońskiemu premierowi hrabiemu Brühlowi w kwestiach artystycznych i miał także znaczący wpływ na zmiany tego miejsca. W XIX wieku uczeń Pücklera, Carl Eduard Petzold (1815–1891), poszerzył obiekt o 55-hektarowy park krajobrazowy. Pałac doświadczył w XX wieku dramatycznych losów i czeka obecnie na stosowne do swojego znaczenia wykorzystanie.

OGRÓD RÓŻANY W FORST –
OAZA STWORZONA PRZEZ MIESZKAŃCÓW

Wraz z nadejściem industrializacji w XIX wieku miasteczko sukienników szybko przekształciło się w centrum niemieckiego przemysłu tekstylnego – w „Manchester Wschodu". Liczba mieszkańców gwałtownie wzrosła, a ówczesne warunki pracy i życia wywołały zapotrzebowanie na tereny zielone i rekreacyjne.

Na początku XX wieku ambitni mieszkańcy miasta założyli na leżącej na Nysie wyspie Wehrinsel park ludowy i zorganizowali tu w roku 1913 pierwszą wielką wystawę róż i ogrodnictwa, co dało początek wielkim Niemieckim Pokazom Róż i Wschodnioniemieckiemu Ogrodowi Różanemu w Forst, kontynuującemu współcześnie tradycję łużyckich ogrodów arystokratycznych. Ten 17-hektarowy ogród mieszczański urzeka unikalną kompozycją, na którą składa się sztuka ogrodowa, architektura krajobrazu i botaniczna różnorodność. Miłośnicy róż mogą podziwiać tu dziś dziesiątki tysięcy tych kwiatów w prawie 1000 odmianach i korzystać z bogatego programu wydarzeń kulturalnych przez cały rok.

MARINA HEILMEYER

BAROCKSCHLOSS UND PARK NESCHWITZ
BAROKOWY PAŁAC I PARK NESCHWITZ

EIN GESAMTKUNSTWERK

Dreihundert Jahre alt ist der Barockgarten von Schloss Neschwitz, der sich trotz aller historischen Dramen, die sich an diesem Ort ereignet haben, bis heute als besonderes Gartenkunstwerk in seinen Grundstrukturen erhalten hat. Dieser Garten als Kunstwerk und Ausdruck der Kulturgeschichte einer Epoche ist auch ein Denkmal dafür, dass sich hier immer wieder Menschen gefunden haben, die keinen Aufwand scheuten, das ursprüngliche Raumbild dieses Gartens zu bewahren.

Die Chronik von Schloss Neschwitz und die Geschichte seiner vielen Besitzer beginnt im 13. Jahrhundert mit der Anlage einer Wasserburg, die im 15. Jahrhundert zu einem Renaissanceschloss umgebaut wurde. Eine neue und glänzende Ära begann für Neschwitz, als am 28. April 1721 Herzog Friedrich Ludwig von Württemberg-Winnental (1690–1734) das Anwesen erwarb. Es sollte die Morgengabe für seine künftige Frau werden, für Ursula Katharina von Altenbockuhm, Reichsfürstin von Teschen (1680–1743), geschiedene Frau des polnischen Fürsten Lubomirski. Seit 1700 war Ursula Katharina die offizielle Geliebte des polnischen Königs und sächsischen Kurfürsten August II., genannt der Starke, gewesen. Im August 1704 war ihr gemeinsamer Sohn geboren, der nach dem Vater des Kurfürsten Johann Georg benannt wurde, und den Titel »Chevalier de Saxe« trug. Nur fünf Tage nach der Entbindung wurde Ursula Katharina von Kaiser Leopold I. zur Reichsfürstin von Teschen erhoben. Doch schon bald verlor sie die Gunst des Königs und zog sich, geächtet vom Dresdner Hof, auf ihren Landsitz in Hoyerswerda zurück,

CAŁOŚCIOWE DZIEŁO SZTUKI

Barokowy ogród przy pałacu Neschwitz ma już trzysta lat i mimo dramatów, które się w tym miejscu wydarzyły, zachował się do dziś w swojej podstawowej strukturze jako szczególne dzieło sztuki. Ten artystyczny ogród jest świadectwem historii kultury, a także pomnikiem dla ludzi, którzy nie szczędzili sił, aby zachować jego pierwotną formę przestrzenną.

Kronika pałacu Neschwitz i historia jego wielu właścicieli rozpoczyna się w XIII wieku od założenia zamku na wodzie, przebudowanego w XV wieku na renesansowy pałac. Nowa, wspaniała era zaczęła się dla Neschwitz, gdy 28 kwietnia 1721 roku książę Fryderyk Ludwik Wirtemberski-Winnental (1690–1734) nabył tę posiadłość. Miała ona być prezentem ślubnym dla jego przyszłej żony, Urszuli Katarzyny von Bokum, księżnej cieszyńskiej (1680–1743), byłej żony księcia Lubomirskiego. Od roku 1700 Urszula Katarzyna była oficjalną metresą polskiego króla i saskiego elektora Augusta II Mocnego. W sierpniu 1704 roku urodził się ich wspólny syn, który na cześć ojca monarchy otrzymał imiona Johann Georg i nosił tytuł „Kawalera Saskiego" (»Chevalier de Saxe«). Już pięć dni po rozwiązaniu cesarz Leopold I nadał Urszuli Katarzynie tytuł księżnej cieszyńskiej. Krótko potem straciła jednak łaski króla i wypędzona z dworu drezdeńskiego wycofała się do swojej posiadłości ziemskiej w Hoyerswerdzie, którą otrzymała na własność już w roku 1704. Tutaj wspierała handel i rzemiosło, przebudowując gruntownie pałac jako swoją siedzibę mieszkalną i reprezentacyjną po opuszczeniu dworu

Die Kanäle, die das 1721–1723 errichtete Schloss in Neschwitz umlaufen, erinnern an den mittelalterlichen Vorgängerbau, das alte Wasserschloss, das einst hier stand.

Kanały, które otaczają wzniesiony w latach 1721–1723 pałac w Neschwitz, przypominają poprzednią budowlę ze średniowiecza, zamek na wodzie, który kiedyś stał w tym miejscu.

19

den sie bereits 1704 übereignet bekommen hatte. Hier förderte sie Handel und Handwerk, indem sie das Schloss nach ihrem Rückzug vom Dresdner Hof als ihren Wohn- und Repräsentationssitz großzügig umbauen ließ. Sie legte einen Schlossgarten und eine Orangerie an, und ihr Wappen prangt noch heute über dem Eingangsportal des Schlosses in Hoyerswerda. Nach einigen Jahren abseits des Dresdner Hoflebens kehrte sie ausgesöhnt mit dem König und in Ehren empfangen dorthin zurück und begeisterte mit ihrer Schönheit, ihrem Charme und ihrer Intelligenz den 10 Jahre jüngeren Herzog Friedrich Ludwig von Württemberg-Winnental. Er hatte gerade den hohen weißen Adlerorden überreicht bekommen, als er Ursula Katharina bei der Hochzeit von Kurprinz August am 20. August 1719 wieder begegnete. Aber er musste lange um die schöne Frau werben und erhoffte sich von einem Geschenk wie dem in Neschwitz nach der neuesten Mode umgebauten Schloss mit barockem französischem Garten und einer Orangerie für kostbare fremdländische Zitronenbäume, dass es die Entscheidung von Ursula Katharina zu seinen Gunsten positiv beeinflussen möge.

Herzog Friedrich Ludwig galt nach zeitnahen Darstellungen als einer der fähigsten Heerführer des 18. Jahrhunderts. Mut und Tapferkeit im Kampf wurden ihm ebenso bescheinigt wie exzellente strategische und taktische Kompetenzen in der Kriegsführung. Seine Ehrenhaftigkeit und Gerechtigkeit gegen Freund und Feind wurden immer wieder erwähnt, und gleichzeitig stand er bei Hofe im Ruf, eine sehr gesellige Person zu sein. Die Feste im Dresden von August dem Starken liebte er ebenso wie den Luxus bei Hofe.

Nicht nur für ihn zog er immer wieder in den Krieg, sondern auch für den allmächtigen Herrscher des Heiligen Römischen Reiches Deutscher Nation, Kaiser Karl VI. Dieser Auftraggeber schickte

PRINZ ROKOKO, HAST DIE GASSEN
ABGEZIRKELT FEIN MIT BÄUMEN,
UND DIE BÄUME SCHEREN LASSEN,
DASS SIE NICHT VOM WALD MEHR TRÄUMEN.

QUELLEN, DIE SICH UNTERFINGEN
DURCH DIE WALDESNACHT ZU TOSEN,
LÄSST DU ALS FONTÄNEN SPRINGEN
UND MIT GOLDENEN BÄLLEN KOSEN.

SPRINGBRUNN IN DEM MARMORBECKEN
SINGT EIN WUNDERBARES LIED,
DEINE TAXUSBÄUME RECKEN
SEHNEND SICH AUS REIH UND GLIED.

FREIHERR JOSEPH VON EICHENDORFF,
1820

drezdeńskiego. Założyła przy pałacu ogród i oranżerię, a jej herb do dzisiaj widnieje nad portalem wejściowym pałacu w Hoyerswerdzie. Po kilku latach rozłąki z drezdeńskim życiem dworskim pogodziła się z królem, powróciła i została z honorami przyjęta. Swoją pięknością, urokiem i inteligencją zachwyciła 10 lat młodszego księcia Fryderyka Ludwika Wirtemberskiego-Winnental, który dopiero co został odznaczony Orderem Orła Białego. Urszula Katarzyna spotkała go na weselu następcy tronu elektorskiego Augusta 20 sierpnia 1719 roku. Długo jednak musiał ubiegać się o tę piękną kobietę i obiecywał sobie po takim prezencie, jak przebudowany w Neschwitz według najnowszej mody pałac z barokowym francuskim ogrodem i oranżerią na cenne drzewka cytrusowe z dalekich krajów, że pozytywnie wpłynie na decyzję Urszuli Katarzyny.

Książę Fryderyk Ludwik uchodził według ówczesnych opinii za jednego z najzdolniejszych dowódców wojskowych XVIII wieku. Wyróżniała go odwaga i męstwo w boju, jak również doskonałe kompetencje strategiczne i taktyczne w prowadzeniu wojen. Dużo mówiono o jego honorowości i sprawiedliwości wobec przyjaciół i wrogów, a jednocześnie cieszył się na dworze renomą osoby towarzyskiej. Uwielbiał uroczystości w Dreźnie za czasów Augusta Mocnego, podobnie jak luksus dworski.

Nie tylko dla niego wyruszał raz po raz na wojnę, ale także dla wszechpotężnego władcy Świętego Cesarstwa Rzymskiego Narodu Niemieckiego, cesarza Karola VI. To właśnie on wysłał go w 1716 roku pod dowództwem księcia Eugeniusza Sabaudzkiego na bitwę przeciwko Turkom. Ci dwaj śmiali kawalerzyści i stratedzy rozmawiali być może przy wieczornej strawie w celu

ihn 1716 unter Leitung des Prinzen Eugen von Savoyen gegen die Türken ins Feld. Die beiden verwegenen Reiter und klugen Strategen werden sich beim abendlichen Mahl als Ausgleich für den kriegerischen Alltag vielleicht auch über Gärten unterhalten haben, über die Spiegelungen des Wassers, über Sichtachsen, Kieswege und sorgsam gestutzte Bäume und Hecken, oder über den Duft blühender Zitronenbäume. Denn Prinz Eugen vollendete in Wien gerade die Planung für sein »Belvedere« und erschuf sich 1721 seinen nächsten Traumgarten rund um Schloss Hof im Marchfeld, während Herzog Friedrich Ludwig im selben Jahr Neschwitz erwarb und umzugestalten begann. Er ließ hier das Alte Schloss bis auf die großen Kellergewölbe abreißen, und einen Teil des Mauerwerks als Füllung verwenden, um das neue Gebäude, auf einem fünf Meter hohen Hügel thronend, errichten zu können. Als Baumeister konnte Johann Friedrich Karcher (1650–1726) gewonnen werden. Er errichtete ein barockes zweigeschossiges Gebäude, dessen Fassade von Pilastern gegliedert und von zwei Terrassen umgeben ist. Zum Mittelpunkt des Hauses wurde eine große, sich über zwei Etagen ausdehnende Halle, die bestens geeignet war für große Feste. Ebenerdig konnte man vom Garten aus die kühlen Grotten des Sockelgeschosses betreten. Der Charakter des alten Wasserschlosses blieb sichtbar durch Kanäle, die das Schloss umgeben und bis heute schöne Spiegelungen der Architektur im stillen und dunklen Wasser ermöglichen. Vor dem Schloss wurden auf Befehl von Friedrich Ludwig vier Pavillons gebaut, die Platz boten für ein Badehaus, einen Reitstall, eine Küche und den Aufenthalt der Adjutanten und des Gefolges der zu erwartenden Gästeschar. Für deren weitere Versorgung sorgten ein neuer Wirtschaftshof mit Brauerei und Brennerei und ein Marstall, in dem Platz für 40 Pferde war.

ROKOKOWY KSIĄŻĘ, TY DRÓŻKI
DRZEWAMI WYTYCZYŁEŚ PIĘKNIE,
I POLECIŁEŚ PRZYCIĄĆ ICH GAŁĄZKI,
ŻEBY IM DO LASU NIE BYŁO TĘSKNIE.

ŹRÓDŁA, KTÓRE SIĘ ODWAŻYŁY
PŁYNĄĆ LASAMI CIEMNYMI,
PRZEKSZTAŁCASZ W FONTANN SIŁY,
DOPIESZCZASZ KULAMI ZŁOTYMI.

WODOTRYSKI W CZARZE MARMUROWEJ
CUDOWNĄ PIEŚŃ NUCIĆ SIĘ ZDAJĄ,
AŻ DRZEWA W ALEI CISOWEJ
TĘSKNIE SIĘ WYCHYLAJĄ.

BARON JOSEPH VON EICHENDORFF,
1820

oderwania się od codziennej wojny także o ogrodach, odbiciach pałaców w taflach wody, osiach widokowych, żwirowych alejkach parkowych i starannie przycinanych drzewkach i żywopłotach, czy o zapachu kwitnących drzewek cytrusowych. Książę Eugeniusz ukończył bowiem właśnie plany swojego „Belwederu" w Wiedniu i stworzył dla siebie w 1721 roku wymarzony ogród wokół pałacu Hof na Morawskim Polu, podczas gdy książę Fryderyk Ludwik w tym samym roku nabył Neschwitz i rozpoczął jego przebudowę. Polecił tu rozebrać stary zamek aż po same sklepienia dużych piwnic i wykorzystać część budulca jako wypełnienie pięciometrowego cokołu, na którym miał stanąć nowy budynek. Jako architekta udało mu się pozyskać Johanna Friedricha Karchera (1650–1726), który wzniósł barokowy, dwupiętrowy z fasadą przedzieloną pilastrami i otoczoną dwoma tarasami. Głównym pomieszczeniem była wysoka na dwa piętra sala, która doskonale nadawała się na organizację dużych uroczystości. Na poziomie gruntu można było prosto z ogrodu wejść do chłodnych grot przyziemia. Charakter dawnego zamku na wodzie został zachowany w formie kanałów otaczających pałac i oferujących do dziś piękne odbicia architektury w tafli cichej i ciemnej wody. Przed pałacem wybudowano na polecenie Fryderyka Ludwika cztery pawilony, mieszczące dom kąpielowy, stajnię, kuchnię i miejsce dla adiutantów i świty oczekiwanych gości. Żeby ich odpowiednio ugościć powstał nowy folwark z browarem i maSztalnią na 40 koni.

Park, pałac i budynki boczne miały tworzyć jedną koncepcyjną całość, w której wszystko nastawione było na regularność i symetrię. Z leżącego wyżej pałacu dobrze widać barokowy ogród z jego głównymi i bocznymi osiami widokowymi, okrąg-

Darstellung einer Seite des *Alten Schlosses* in Neschwitz, das 1721 bis 1723 für Herzog Friedrich Ludwig von Württemberg-Winnental errichtet wurde.

Widok jednej z fasad Starego Pałacu w Neschwitz, który został wzniesiony w latach 1721 do 1723 dla księcia Fryderyka Ludwika Wirtemberskiego-Winnental.

Darstellung einer Wand im Festsaal von Schloss Neschwitz, der 1806 für Freiherr Isaak Wolfgang von Riesch im »pompejanischen Stil« und als Museum umgestaltet und genutzt wurde.

Widok jednej ze ścian w Sali Balowej Pałacu Neschwitz, która w roku 1806 została dla barona Isaaka Wolfganga von Riescha zaaranżowana w „stylu pompejańskim" i była wykorzystywana jako muzeum.

Schlosspark, Schloss und Nebengebäude sollten eine konzeptionelle Einheit bilden, in der alles auf Regelmäßigkeit und Symmetrie ausgerichtet ist. Vom erhöht liegenden Schloss kann man den barocken Garten mit seinen Haupt- und Querachsen, dem Rondell, der feinen Balustrade, den Wiesenflächen und Kieswegen, den Bassins mit Putten und kleinen Springbrunnen, den geometrisch gestutzten Bäumen, Büschen und Hecken gut überblicken. Für seine Gestaltung wurde der Kunstgärtner Johann Friedrich Seehahn berufen. Skulpturen und Vasen setzen zusätzliche Akzente. Zwei überlebensgroße Figuren des Bildhauers Johann Benjamin Thomae, eines Schülers des berühmten Balthasar Permoser, erzählen die antike Liebesgeschichte der spröden Atalante, die das Liebeswerben des schönen jungen Meleagros zunächst nicht erhört, und erst durch drei goldene Früchte aus dem Garten der Hesperiden zu ihrem Glück findet. Vielleicht eine Anspielung auf das Werben des Herzogs um die Hand der Fürstin, aber auch ein Hinweis auf die vielen Geschichten um die sagenumwobenen goldenen Früchte des Mythos, die man als Orangen- und Zitronenbäume in Orangerien pflegte. Auch Herzog Friedrich Ludwig wollte in Neschwitz auf so ein prestigeträchtiges Gewächshaus nicht verzichten und ließ für das 1722 fertiggestellte Gebäude aus Italien 130 kostbare Zitronenbäume anliefern. Aus dem streng geometrischen barocken Garten führten Wege in den weitläufigen Waldbereich, wo Treib- und Hetzjagden zum Vergnügen der Gäste und weit ab des strengen Hofzeremoniells stattfinden sollten.

Die schöne Anlage in Neschwitz erwies sich wirkungsvoll als Brautgeschenk, Friedrich Ludwigs Werben um die Fürstin von Teschen war erfolgreich und fand auch die Zustimmung des Königs und sächsischen Kurfürsten. Allerdings musste Friedrich Ludwig für eine Hochzeit mit der Reichsfürstin noch zum Katholizismus konvertieren. 1722 entschloss er sich zu diesem Schritt und wurde von einem Dresdner Jesuiten in aller Stille mit Katharina getraut. Es wurde vereinbart, dass Ursula Katharina im Falle des Todes ihres Mannes seinen Namen und sein Wappen weiterführen würde.

łymi rabatami, delikatną balustradą, trawnikami, żwirowymi alejkami, basenami z amorkami i małymi fontannami, przycinanymi w geometryczne kształty drzewkami, krzewami i żywopłotami. Do zaprojektowania ogrodu sprowadzono Johanna Friedricha Seehahna. Dodatkowego akcentu dodają rzeźby i wazy. Dwa posągi ponadnaturalnych rozmiarów autorstwa rzeźbiarza Johanna Benjamina Thomae, ucznia słynnego Balthasara Permosera, przedstawiają antyczną historię miłości nieprzystępnej Atalanty, która początkowo nie przyjmuje starań pięknego młodego Meleagra i dopiero dzięki trzem złotym owocom z Ogrodu Hesperyd znajduje swoje szczęście. Była to być może aluzja do starań księcia o rękę księżnej albo odwołanie się do wielu historii o legendarnych złotych owocach z tego mitu, które w oranżeriach symbolizowały drzewka pomarańczowe i cytrusowe. Również książę Fryderyk Ludwik nie chciał zrezygnować w Neschwitz z takiej prestiżowej szklarni i polecił do ukończonego w 1722 roku budynku sprowadzić 130 cennych drzewek cytrusowych z Włoch. Z barokowego, zaprojektowanego według ścisłych geometrycznych zasad, ogrodu prowadziły drogi do rozległych terenów leśnych, w których z dala od surowej dworskiej etykiety i dla przyjemności gości miały odbywać się polowania z psami i naganką.

Piękny obiekt w Neschwitz okazał się być efektywnym podarunkiem i konkury Fryderyka Ludwika o księżną cieszyńską okazały się skuteczne i uzyskały także zgodę polskiego króla i saskiego elektora. Fryderyk Ludwik musiał jednak przed ślubem z księżną przejść jeszcze na katolicyzm. W roku 1722 zdecydował się na ten krok i mógł już dyskretnie zawrzeć ślub z Urszulą Katarzyną przed drezdeńskim jezuitą. Uzgodniono, że Urszula Katarzyna w przypadku śmierci męża zachowa jego nazwisko i herb. Jeszcze w tym samym roku ukończono prace w pałacu Neschwitz, tak że szczęśliwi właściciele mogli z niego korzystać podczas dużych letnich uroczystości i polowań. Dopiero po śmierci Augusta II w roku 1733, gdy rozpoczęła się wojna o sukcesję polską, Fryderyk Ludwik otrzymał rozkaz objęcia dowódz-

Zeichnung der Vor- und Rückseite des
zwischen 1766 und 1775 von dem Dresdner
Baumeister Friedrich August Krubsacius für
Freiherr Wolfgang von Riesch errichteten
Neuen Schlosses in Neschwitz.

Rysunek fasady frontowej i tylnej Nowego
Pałacu, *wzniesionego w latach 1766 do 1775
przez drezdeńskiego architekta Friedricha
Augusta Krubsaciusa dla barona Wolfganga
von Riescha.*

Im selben Jahr noch wurde das Schloss Neschwitz fertiggestellt, und konnte von seinen glücklichen Besitzern für große Sommerfeste und Jagden genutzt werden. Erst als nach dem Tod von August II. im Jahre 1733 der Polnische Thronfolgekrieg begann, erhielt Friedrich Ludwig den Befehl, das Kommando über die in Oberitalien liegende Feldarmee zu übernehmen, und fiel im Herbst 1734 in der Schlacht bei Guastalla.

1737 verkaufte Ursula Katharina ihre Besitzungen in Neschwitz an Graf Alexander Joseph Sulkowski (1695–1762), den sächsisch-polnischen Außenminister des Königs August III., der an Schloss und Garten in Neschwitz nichts veränderte. Nach Ausbruch des Siebenjährigen Krieges verkaufte er seine sämtlichen Besitzungen in der Lausitz. Der Siebenjährige Krieg traf auch Neschwitz und Umgebung hart und es war ein Glücksfall, dass Freiherr Wolfgang von Riesch (1749–1810) den Besitz 1763 erwerben und sich hier mit seiner Familie ansiedeln wollte. Auch er nutzte Neschwitz als Sommeraufenthalt und vergrößerte die Gartenanlagen durch einen weitläufig angelegten Park im gerade modern werdenden »englischen Stil«. 1766 bis 1775 ließ er in westlicher Richtung am Ende des barocken Parks durch den Architekten Friedrich August Krubsacius (1718–1789) ein neues, sehr viel größeres Schloss mit einem zweigeschossigen Mittelbau, hohem Mansarddach und langen eingeschossigen Seitenflügeln errichten. Mit ihren hohen Rundbogenfenstern konnten diese beiden Teile des Gebäudes als Orangerie genutzt werden, in der stolze vierhundert Orangen- und Zitronenbäume Platz fanden, darunter, wie berichtet wird, Exemplare von seltener Schönheit und Stärke. 1788 errichtete Isaak Wolfgang von Riesch zum Andenken an seinen Vater am Ende einer der Querachsen des Gartens als adäquates Monument einen Obelisk mit einem Relief-Porträt und einer Gedenktafel. Das nicht länger bewohnte Alte Schloss wurde als Museum für die reiche Privatsammlung der Familie Riesch genutzt und der hohe Raum mit sogenannter »pompejanischer« Malerei geziert, die einmal mehr das Faszinosum der untergegangenen Städte am Golf von Neapel belegen. Der Besuch der Ruinen von Pompeji und die Bestei-

twa nad armią stacjonującą w północnych Włoszech, gdzie jesienią 1734 roku poległ w bitwie pod Guastallą.

W roku 1737 Urszula Katarzyna sprzedała swoją posiadłość w Neschwitz hrabiemu Aleksandrowi Józefowi Sułkowskiemu (1695–1762), sasko-polskiemu ministrowi spraw zagranicznych u króla Augusta III, który nic nie zmienił w pałacu i ogrodzie Neschwitz. Po wybuchu wojny siedmioletniej sprzedał on wszystkie swoje posiadłości na Łużycach. Wojna siedmioletnia dotknęła ciężko również Neschwitz i okolicę, tak że właściwie można nazwać szczęściem fakt, że w 1763 roku majątek nabył baron Wolfgang von Riesch (1749–1810) i chciał tu zamieszkać razem z rodziną. Także i on wykorzystywał Neschwitz jako rezydencję letnią i powiększył ogrody o rozległy park w modnym w owym czasie „stylu angielskim". Od 1766 do 1775 roku zlecił architektowi Friedrichowi Augustowi Krubsaciusowi (1718–1789) budowę nowego, o wiele większego pałacu z dwukondygnacyjną częścią środkową, wysokim dachem mansardowym i długimi jednokondygnacyjnymi skrzydłami bocznymi, który miał stanąć na zachodnim krańcu ogrodu barokowego. Ze swoimi wysokimi oknami zwieńczonymi półkolistymi łukami oba te skrzydła były wykorzystywane jako oranżeria, w której miejsce znalazło aż czterysta drzewek pomarańczowych i cytrusowych, a wśród nich, jak pisano, okazy rzadkiej urody i wielkości. W roku 1788 Isaak Wolfgang von Riesch dla uczczenia swojego ojca wzniósł na końcu jednej z osi poprzecznych ogrodu stosowny pomnik w formie obelisku z portretem na reliefie i tablicą pamiątkową. Opuszczony Stary Pałac był wykorzystywany jako muzeum dla bogatej prywatnej kolekcji rodziny Riesch, a wysoka sala została ozdobiona tak zwanym malarstwem „pompejańskim", które świadczyło o fascynacji zniszczonymi miastami w Zatoce Neapolitańskiej. Zwiedzanie ruin Pompejów i wspinaczka na Wezuwiusza należały w owych latach do stałego programu podróży do Włoch wykształconych Europejczyków z północy. Pod koniec XIX wieku majątek Neschwitz przeszedł na daleko spokrewnioną

gung des Vesuvs gehörten in jenen Jahren noch zum festen Programm einer Italien-Reise gebildeter Nordeuropäer. Ende des 19. Jahrhunderts ging der Besitz Neschwitz an die entfernt verwandte Familie Vietinghoff-Riesch und mit Freiherr Arnold von Vietinghoff-Riesch (1895–1962) begann zwischen 1929 und 1945 ein weiteres interessantes Kapitel in der Geschichte von Neschwitz. Vorausschauend in die Zukunft wurden eine Vogelschutzwarte eingerichtet und ein Musterbetrieb für Land- und Forstwirtschaft. Alle diese Bemühungen und Ideen endeten zunächst 1945 mit dem Brand und der Vernichtung des Neuen Schlosses. Aber das Alte Schloss, der barocke Garten und der anschließende Park mit seinen seltenen alten Bäumen blieben erhalten und werden heute von der Gemeinde Neschwitz betreut. Trotz aller Probleme bei ihrer Überwinterung stehen auf der Terrasse des Schlosses zwei große alte Orangenbäume. Diese immergrünen Bäume, die gleichzeitig Blüten und glänzende Früchte tragen, waren schon immer Symbole für ein unsterbliches Paradies.

rodzinę Vietinghoff-Riesch, a od osoby barona Arnolda von Vietinghoff-Riescha (1895–1962) rozpoczął się nowy interesujący rozdział w historii Neschwitz, który trwał od 1929 do 1945 roku. W tym okresie powstała już stacja ornitologiczna oraz wzorcowy zakład rolniczo-leśny. Wszystkie te starania i pomysły zakończyły się w 1945 roku wraz z pożarem i zniszczeniem Nowego Pałacu. Jednak zachował się Stary Pałac, ogród barokowy i przyległy park ze starodrzewem, którymi dziś opiekuje się gmina Neschwitz. Na tarasie stoją dwa wielkie drzewka pomarańczowe, mimo wszystkich problemów związanych z ich zimowaniem. Te wiecznie zielone drzewa, które kwitną i rodzą wspaniałe owoce, zawsze były symbolem nieśmiertelnego raju.

Der Schwanenteich mit seiner Fontäne und einer bewegten Uferlinie, die schon in den englischen Landschaftspark hinüber leitet.

Łabędzi Staw z fontanną i urozmaiconą linią brzegową, elementu angielskiego parku krajobrazowego.

Das von Herzog Friedrich Ludwig von Württemberg-Winnental als Jagd- und Sommersitz erbaute Schloss umgibt ein bis heute in seinen Grundstrukturen erhaltener barocker Park.

Pałac, zbudowany przez księcia Fryderyka Ludwika Wirtemberskiego-Winnental jako pałac myśliwski i letnia rezydencja, otacza barokowy park, który zachował się w swoich podstawowych strukturach.

29

Der hohe und weite Festsaal im Schloss wurde 1806 mit an antiken Vorbildern orientierten Malereien und Stuckaturen ausgeschmückt, wie man sie im 50 Jahre zuvor entdeckten Pompeji gefunden hatte.

Wysoka i przestronna sala balowa w pałacu została w roku 1806 ozdobiona malowidłami i sztukaterią według antycznych wzorców, które znaleziono w odkrytych 50 lat wcześniej Pompejach.

Einen hohen Dreifuß
mit Schale schmückt ein
barocker Blumenstrauß.

*Wysoki trójnóg z czarą
ozdobiony barokowym
bukietem kwiatów.*

Der lichte Saal öffnet sich im Sommer
auf eine große Terrasse und bietet einen
weiten Blick in den barocken Gartenteil.

*Jasna sala otwiera się latem na duży
taras i oferuje daleki widok na barokową
część ogrodu.*

Blick auf die Schlossterrasse mit zwei
kostbaren alten Orangenbäumen, wie sie
der Stolz barocker Gartenanlagen waren.

*Widok na taras przypałacowy z dwoma
cennymi starymi drzewkami pomarańczowymi,
będącymi dawniej dumą barokowych założeń
ogrodowych.*

Der barocke Garten wird geprägt
von seinen in Form geschnittenen Linden,
den vertieften Rasenflächen und der
abschließenden, mit Vasen und Statuen
geschmückten Balustrade.

*Ogród barokowy charakteryzuje się
formowanymi poprzez cięcie lipami,
obniżonymi trawnikami i ozdobioną
wazami i posągami balustradą.*

Fontäne mit Putto und
wasserspeiendem Drachen

*Fontanna z amorkiem
i tryskającym wodą smokiem*

Blick aus den Tiefen des barocken Gartens
auf die mit Vasen geschmückte Balustrade und
die beiden überlebensgroßen Statuen der
mythologischen Figuren einer *Atalante* und eines
Meleagros, Arbeiten des Dresdner Bildhauers
Johann Benjamin Thomae (1682–1751).

*Widok z głębi ogrodu barokowego na ozdobioną
wazami balustradę i dwa posągi ponadnaturalnych rozmiarów przedstawiające* Atalantę
i Meleagra, *autorstwa drezdeńskiego rzeźbiarza
Johanna Benjamina Thomae (1682–1751).*

Die mythologische Figur des Adonis sollte hier ebenso an die Freuden der Liebe wie an die Gefahren der Jagd erinnern. Sie stammt von dem Dresdner Bildhauer Johann Benjamin Thomae, 1722.

Mitologiczny Adonis miał tu przypominać zarówno o radościach miłości jak i niebezpieczeństwach polowań. Autorem posągu jest drezdeński rzeźbiarz Johann Benjamin Thomae, 1722.

Kleine Fontäne im Übergang vom barocken Garten zum englischen Landschaftspark von Neschwitz.

Mała fontanna w przejściu z ogrodu barokowego do angielskiego parku krajobrazowego w Neschwitz.

Der barocke Garten in Neschwitz wurde von
Herzog Friedrich Ludwig von Württemberg-
Winnental für seine Gemahlin Ursula Katharina,
Reichsfürstin von Teschen, in den Jahren
1721 bis 1723 angelegt.

*Ogród barokowy w Neschwitz został założony
w latach 1721 do 1723 przez księcia Fryderyka
Ludwika Wirtemberskiego-Winnental dla
małżonki Urszuli Katarzyny von Bokum, księżnej
cieszyńskiej.*

1763 erwarb Freiherr Wolfgang von Riesch das
Neschwitzer Schloss. Ihm zu Ehren ließ sein
Sohn Freiherr Isaak Wolfgang von Riesch 1788
den acht Meter hohen Obelisken errichten.

*W roku 1763 pałac Neschwitz nabył baron
Wolfgang von Riesch. Jego syn baron Isaak
Wolfgang von Riesch polecił w roku 1788
wznieść na jego cześć ośmiometrowy obelisk.*

MARINA HEILMEYER

SCHLOSSPARK BRODY (PFÖRTEN)

PARK PRZYPAŁACOWY W BRODACH

SPURENSUCHE

Das zwischen Wäldern, Wiesen und Wasser liegende Pförten wird als »Foerten« um 1389 erstmals in den Annalen der Lausitz erwähnt. Der Name Pförten, genau wie das polnische Brody, ist eine Anspielung auf die Furt, die hier immer schon eine sichere Passage durch sumpfiges Gelände ermöglichte. Die Furt macht die eigentliche Bedeutung des Ortes aus. Denn seit dem Mittelalter führte über diesen festen Grund ein wichtiger Handelsweg zwischen Ost und West. Im 15. Jahrhundert waren die Könige von Ungarn und Böhmen noch Herren über dieses Gebiet. Sie vergaben das Stadtrecht sowie das Recht, hier Zoll von durchreisenden Händlern zu verlangen, im Jahre 1454 an die Adelsfamilie von Bieberstein, die bis 1667 die Geschicke des Ortes bestimmte, aber wenig in die Infrastruktur investierte. Erst unter der Regie der Herren von Promnitz, die als neue Besitzer hier von 1667 bis 1726 herrschten, erwähnen die Chroniken des Ortes ein Herrenhaus, das 1670 durch ein prächtiges neues Schloss mit großem Garten am See ersetzt wurde.

Als im Jahr 1697 der sächsische Kurfürst Friedrich August I. der als August II. zum König von Polen gewählt wurde, zeigte sich, dass die beiden nun politisch vereinten Länder über keine gemeinsame Grenze verfügten. Sie waren und blieben durch einen schmalen Streifen Schlesiens getrennt. Die Hoffnung, einen Korridor zu erwerben oder zu erobern, zerschlug sich spätestens 1740 mit dem Ersten Schlesischen Krieg. Und so wurde aus dem unscheinbaren Pförten in der Niederlausitz plötzlich ein begehrenswerter Besitz, da dieser Ort an der engsten Verbindung zwischen den Unionsländern lag. Seit

W POSZUKIWANIU ŚLADÓW PRZESZŁOŚCI

Leżące wśród lasów, łąk i jezior Brody zostały wymienione w źródłach pisanych po raz pierwszy ok. roku 1389 jako „Foerten" w kronikach łużyckich. Polska nazwa Brody, tak jak i niemiecka Pförten, odnosi się do brodu, umożliwiającego bezpieczne przejście przez bagienny teren. Bród ten stanowił o znaczeniu miejscowości, ponieważ już od średniowiecza prowadziła tędy, po stałym lądzie, ważna droga handlowa pomiędzy wschodem i zachodem. W XV wieku panami tych ziem byli jeszcze królowie Węgier i Czech. Nadawali oni prawa miejskie oraz prawo pobierania cła od przejeżdżających tędy handlarzy. W roku 1454 nadali te prawa rodzinie von Bieberstein, która kierowała losami miejscowości do roku 1667, niewiele inwestując jednak w infrastrukturę. Dopiero pod rządami Promnitzów, którzy jako nowi właściciele panowali tu w latach 1667 do 1726, kroniki miejscowości wymieniały dwór, który został w roku 1670 zastąpiony przez wspaniały pałac z dużym ogrodem nad jeziorem.

Gdy w roku 1697 elektor saski Fryderyk August I został jako August II wybrany królem Polski, okazało się, że oba zjednoczone politycznie kraje nie dysponują wspólną granicą. Przedzielone bowiem były wąskim pasem terytorium należącym do Śląska. Nadzieja na uzyskanie lub zdobycie korytarza, prysła w 1740 roku wraz z wybuchem pierwszej wojny śląskiej. Tak też niepozorne Brody na Dolnych Łużycach stały się nagle pożądanym majątkiem, ponieważ miejscowość leżała na trasie najbliższego połączenia między krajami unijnymi. Od początku unii polsko-

Blick vom See über eine Wiese auf das teilweise renovierte Schloss, dessen Park einst als einer der schönsten in der Lausitz beschrieben wurde.

Widok od strony jeziora na łąkę i częściowo odrestaurowany pałac, którego park opisywany był dawniej jako jeden z najpiękniejszych na Łużycach.

Beginn der sächsisch-polnischen Union 1697 wurde Pförten als mögliche Reisestation gelobt und war auch dem jungen Heinrich von Brühl (1700–1763), dem späteren Grafen aufgefallen, der als sächsischer Staatsmann in die Geschichte eingehen sollte und seit 1729 im Gefolge von August dem Starken immer wieder von Dresden nach Warschau und zurück reiste. Kaum war er als Minister zu Geld und Ruhm gekommen, erwarb er daher 1740 die Herrschaft Pförten und erweiterte den riesigen Besitz 1746 noch um die Mediatstadt Forst und anliegende Dörfer, so dass er nach dem Kurfürsten zum größten Grundbesitzer in der Lausitz aufstieg.

SIE KOMMT, DIE LÄCHELNDE NATUR ...
UND SOLL MICH DURCH DAS LABYRINTH
DER BLÜTHENVOLLEN BÄUME FÜHREN,
UND MICH, STETS MIT MIR GLEICHGESINNT,
DURCH SZENEN VON EMPFINDUNG RÜHREN.
CHRISTIAN FELIX WEISSE, 1781

Es war die einmalige strategische Lage des Ortes, die ihn lockte. Da sich der Name der Grafen von Brühl aus dem althochdeutschen »Bruil« wie Sumpf ableitet, mag auch eine gewisse Namensverwandtschaft mit »Foerten«, der Furt durch den Sumpf, für den Grafen reizvoll gewesen sein. Dass er mit seinem Familiennamen und den Motiven Sumpf und Wasser gerne spielte, lässt das für Schloss Pförten gefertigte »Schwanenservice« vermuten. Im Auftrag von Brühl entwarf Johann Joachim Kaendler dieses kostbarste je in Meißen gefertigte Porzellanensemble. Als Hauptmotive wählte Brühl die Fauna und Flora des Wassers, Schilf und Wasservögel, deren edelster Vertreter, der Schwan, dem sagenumwobenen Service den Namen gab. Das aus 2200 Teilen bestehende »Schwanenservice« soll bereits 1740 die Tafel im Pförtener Schloss geschmückt haben.

Die historischen Ereignisse bestärkten Graf Brühl in seinem Ziel, Pförten zu einem politischen Zentrum auszubauen, wo Informationen aus Polen wie aus Sachsen gesammelt werden konnten. Dabei war ihm vor allem die Sicherung seiner Position als Minister in Warschau wichtig. Dafür ließ er sich 1748 im Tribunal von Petrikau die polnische Abstammung eines Familienzweigs bestätigen. So konnte er als polnischer Adliger anerkannt werden, durfte sich nun Brühl-Oswiecino nennen und Grundbesitz auch in Polen erwerben. Gleichzeitig erhielt er vom Kurfürsten umfassende Privilegien in

saskiej w 1697 roku Brody były chwalone jako stacja przystankowa, co zostało zauważone także przez młodego Heinricha von Brühla (1700–1763), późniejszego hrabiego, który wszedł do historii jako saski mąż stanu i od roku 1729 brał często udział w podróżach w orszaku Augusta Mocnego z Drezna do Warszawy. Gdy tylko Brühl doszedł do pieniędzy i sławy, nabył w 1740 roku państwo stanowe Brody i poszerzył jeszcze ten ogromny majątek w 1746 roku o miasto Forst i okoliczne wsie, tak że stał się największym po księciu elektorze posiadaczem ziemskim na Łużycach.

To właśnie ówczesne strategiczne położenie miejscowości go tu przyciągnęło. Ponieważ nazwisko Brühl pochodzi od starowysokoniemieckiego „Bruil", czyli bagno, pociągająca dla hrabiego mogła być też sama zbieżność nazwy miejscowości „Foerten", czyli brodu, przejścia przez bagno. O tym, że hrabia lubił bawić się swoim nazwiskiem i motywami bagna i wody, świadczy wyprodukowany dla pałacu w Brodach „serwis łabędzi". Ten najcenniejszy z kiedykolwiek w Miśni wyprodukowanych zestawów porcelany zaprojektował na zlecenie Brühla Johann Joachim Kaendler. Na główne motywy Brühl wybrał faunę i florę wodną, trzcinę i ptactwo wodne oraz jego najszlachetniejszego przedstawiciela – łabędzia, który dał nazwę temu legendarnemu serwisowi. Składający się z 2.200 części „serwis łabędzi" miał być ozdobą pałacu w Brodach już w roku 1740.

Historyczne wydarzenia wzmocniły dążenia hrabiego Brühla do przekształcenia Brodów w ośrodek polityczny, w którym można by zbierać informacje zarówno z Polski jak i z Saksonii. Przede wszystkim ważne było dla niego przy tym zabezpieczenie swojego ministerialnego stanowiska w Warszawie. W tym celu zwrócił się w 1748 roku do Trybunału Koronnego w Piotrkowie z wnioskiem o potwierdzenie polskiego pochodzenia jednej z linii jego rodziny. Tym samym został uznany za polskie-

Sachsen, die es ihm ermöglichten, seiner neuen Besitzung eine eigene Verfassung zu geben.

Schon 1740 erklärte er Pförten zum neuen Familiensitz der Brühls und engagierte seinen bewährten Architekten und Gartenkünstler Johann Christoph Knöffel (1686–1752), um das Schloss, den Garten und das Städtchen zu einem Gesamtkunstwerk zu formen. Durch die Schlesischen Kriege war Knöffel zwar in der Ausführung seiner Pläne immer wieder stark behindert, aber weder er noch sein Auftraggeber ließen sich durch die Weltgeschichte an der Entwicklung ihrer kühnen und kostspieligen Ideen hindern.

In welchen räumlichen Dimensionen Knöffel im Garten von Pförten plante, zeigt der Vergleich der Pläne von 1740 und 1757. Die für große Barockgärten geltende, gerade gezogene und ins Unendliche ausstrahlende Mittelachse ist in seinem Entwurf entscheidend. Noch ganz im Sinne absolutistischer Macht- und Naturvorstellungen wurde die Landschaft überformt und die als Hauptweg schon vorhandene Linie durch den Garten, über den See, einen neu gezogenen Kanal und eine sehr groß angelegte Fasanerie hinaus verlängert, so dass sie weit ins Land ausstrahlen konnte.

Für eine kurze Zeitspanne im 18. Jahrhundert galt der Park, der um das Schloss von Pförten (Brody) angelegt wurde, als der schönste der Lausitz. In seiner kurzen Blütezeit entsprach er den Idealen eines barocken Gartens mit Hecken und Labyrinthen, Lauben und Alleen, Bildwerken und Wasserspielen. Auf dem weiten See kreuzten bewimpelte Gondeln und Segelboote.

Ab 1746 wurden das Schloss umgebaut und der Garten gestaltet. Beides war 1748 soweit gelungen, dass der Kurfürst und König hier schöne Tage erleben konnte. Zeichen seiner Zufriedenheit waren zwei nachfolgende längere Aufenthalte im April und Oktober 1750. Fuhr er in den Schlosshof ein, begrüßten ihn die vier Atlanten, die den Balkon über dem Schlosseingang tragen, wie einst ihr Stammvater Atlas das Himmelsgewölbe schulterte. Auf wundersame Weise

NADCHODZI PRZYRODA UŚMIECHNIĘTA ...
I PRZEZ LABIRYNT MNIE WIEDZIE KRĘTY
MIĘDZY PEŁNYMI KWIECIA DRZEWAMI,
JA Z NIĄ JEDNYM NASTROJEM PRZEJĘTY,
WZRUSZAM SIĘ JEJ WRAŻENIAMI.
CHRISTIAN FELIX WEISSE, 1781

go szlachcica, mógł nazywać się Brühl-Oswiecino i nabywać majątki w Polsce. Równocześnie otrzymał od księcia elektora liczne przywileje w Saksonii, które umożliwiły mu nadanie własnej konstytucji swoim nowym posiadłościom.

Już w 1740 roku ustanowił Brody nową siedzibą rodową Brühlów i zaangażował swojego sprawdzonego architekta i artystę ogrodowego Johanna Christopha Knöffla (1686–1752) do przekształcenia pałacu, ogrodu i całego miasteczka w istne dzieło sztuki. Wprawdzie wojny śląskie utrudniały Knöfflowi co jakiś czas realizację planów, ale ani on, ani jego zleceniodawca nie dali się odwieść od realizacji swoich odważnych i kosztownych pomysłów.

Porównanie planów z roku 1740 i 1757 pozwala dostrzec rozmach przestrzenny, z jakim Knöffel projektował ogród w Brodach. Decydującą rolę w jego projekcie odgrywa charakterystyczna dla dużych ogrodów barokowych, równa i ciągnąca się w nieskończoność oś centralna. Krajobraz został przekształcony jeszcze w duchu absolutystycznych wyobrażeń o władzy i przyrodzie, a istniejąca już główna aleja została przedłużona przez ogród, jezioro, nowo wytyczony kanał i rozległą bażanciarnię, tak że wydawała się sięgać w daleką przestrzeń.

Przez krótki okres w XVIII wieku park założony wokół pałacu w Brodach uchodził za najpiękniejszy na Łużycach. W swoim krótkim okresie rozkwitu odpowiadał ideałom ogrodu barokowego z żywopłotami i labiryntami, altankami i alejkami, rzeźbami i fontannami. Na rozległym jeziorze pływały przystrojone proporcami gondole i żaglówki.

W roku 1746 rozpoczęto przebudowę pałacu i zakładanie ogrodu. W 1748 roku ogród i pałac były już na tyle gotowe, że książę elektor i król mógł spędzić tu kilka pięknych dni. Oznaką jego zadowolenia były dwa kolejne dłuższe pobyty w kwietniu i październiku 1750 roku. Wjeżdżając na dziedziniec pałacu był

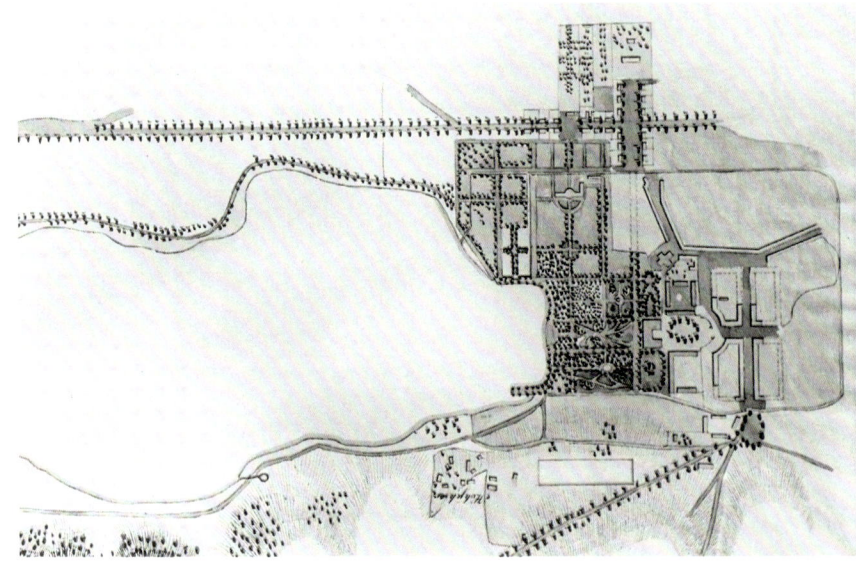

Entwurfsplan zur Verlandschaftlichung des barocken Schlossgartens von Pförten, um 1805

Plan przekształcenia barokowego ogrodu przy pałacu w Brodach w park krajobrazowy, ok. roku 1805

unten: Christian Conrad Francke, Plan von Pförten, 1757

Na dole: Christian Conrad Francke, plan Brodów, 1757 r.

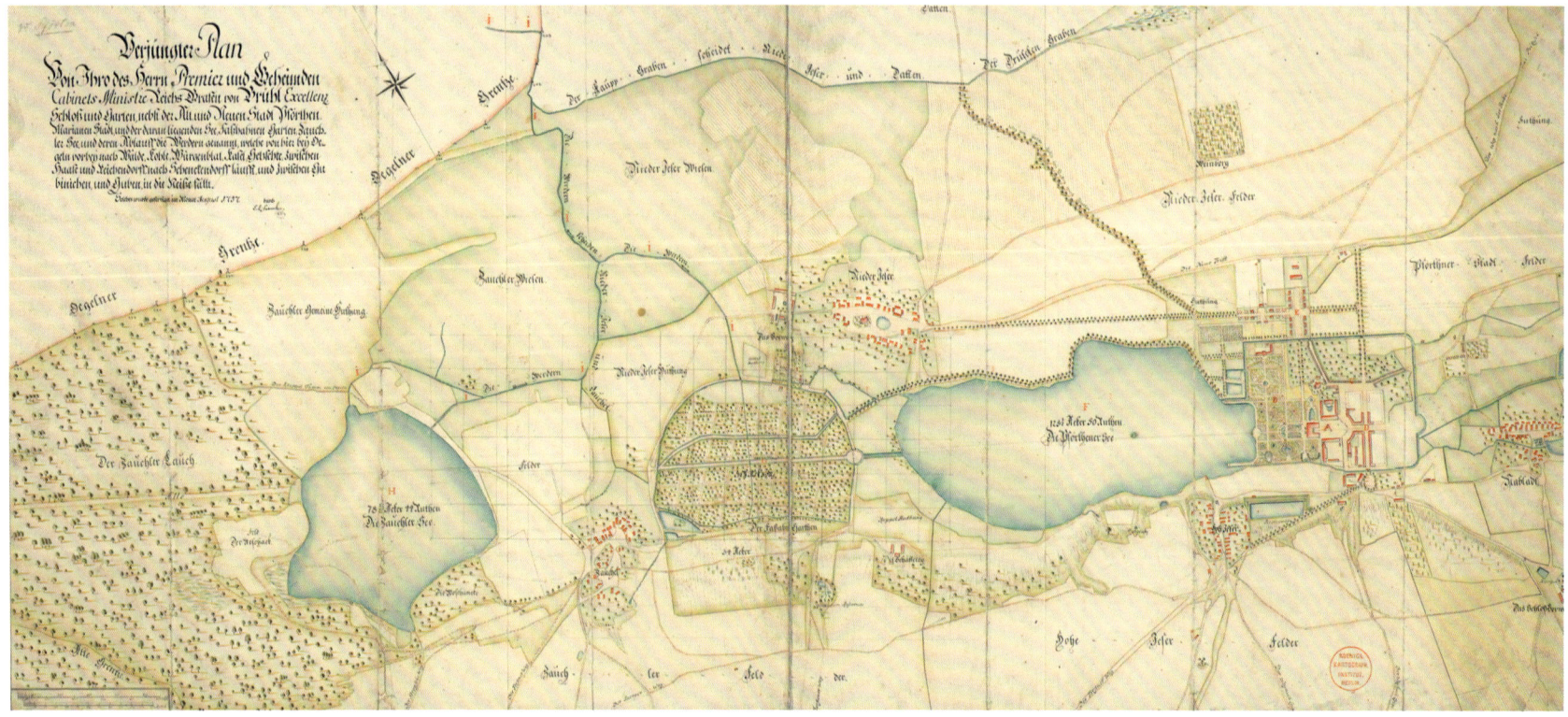

haben sie alle Brände und Stürme überlebt und erwarten noch heute den Besucher, um als Zeitzeugen vom Glanz und vom Elend dieses Schlosses zu erzählen. Auf Befehl des preußischen Königs Friedrich II. wurde es 1758 abgebrannt.

1763 erbte Graf Aloys Friedrich von Brühl (1739–1793) den Besitz Pförten und das abgebrannte Schloss. Zwischen 1775 und 1785 kam er immer wieder nach Pförten und bewohnte eines der unzerstörten Kavaliershäuser. Als er 1790 ganz nach Pförten zog, ließ er hier, in der damals noch erhaltenen Orangerie, den gerade erst ins Deutsche übersetzten »Sommernachtstraum« von William Shakespeare aufführen.

Heute zeigt der Schlosspark von Brody die langsam verheilenden Wunden, die ihm die Geschichte zugefügt hat. Schilf hat den See fast unsichtbar werden lassen. Nur die frisch beschnittenen Linden zeichnen noch die Spuren alter Alleen nach.

Unter dem in Pförten geborenen und verstorbenen Friedrich August von Brühl (1791–1856) wandelte sich, der Mode der Zeit entsprechend, der barocke Park langsam in einen von schönen Baumgruppen, Wiesen und sanft geschwungenen Wegen geprägten Landschaftsgarten.

Ein für die Geschichte der Familie von Brühl, ihre Gartenleidenschaft und ihr Geschichtsbewusstsein signifikantes Monument findet sich im Nordboskett, nahe der ehemaligen Orangerie. Hier ist ein Steinsarkophag wieder errichtet, den vermutlich Graf Aloys Friedrich von Brühl um 1790 aufstellen ließ. Er ruht auf steinernen Kugeln und ist von Obelisken flankiert. Der Sarkophag war dem Andenken an Freiherr Heinrich Joseph von Gablenz (1762–1843) gewidmet, einem engen Freund der Familie. Mit der Inschrift »Piis manibus amicorum«, statt der in der römischen Antike gebräuchliche Formel »Di(i)s manibus«, wurden hier ganz dezidiert die frommen Geister der Toten beschworen. Hinzugefügt war nicht wie sonst üblich der Name des Toten, sondern hier wurde durch den Zusatz »amicorum« der Freundschaft und ganz besonderer Freunde gedacht. Vorbild war wohl ein ganz ähnlicher Sarkophag im romantischen Tal

witany przez cztery atlanty podtrzymujące balkon nad wejściem do pałacu, tak jak kiedyś ich mityczny ojciec Atlas dźwigał sklepienie niebieskie. W cudowny sposób przetrwały one wszystkie pożary i zawieruchy i witają także dziś gości, aby jako świadkowie czasu opowiedzieć im o blaskach i cieniach historii pałacu. W roku 1758 pałac został z rozkazu pruskiego króla Fryderyka II doszczętnie spalony.

W 1763 roku spaloną posiadłość w Brodach odziedziczył hrabia Alojzy von Brühl (1739–1793). W latach 1775 do 1785 odwiedzał on co jakiś czas Brody mieszkając w jednej z niezniszczonych oficyn. Gdy w 1790 roku przeprowadził się ostatecznie do Brodów, polecił w zachowanej oranżerii wystawić dopiero co na język niemiecki przetłumaczony „Sen nocy letniej" Szekspira.

Dziś park przypałacowy w Brodach powoli „leczy się" z ran, które wyrządziła mu historia. Trzcina prawie całkowicie zarosła jezioro. Tylko świeżo przycięte lipy są znakiem dawnych alei parkowych.

Za czasów urodzonego i zmarłego w Brodach Fryderyka Augusta von Brühla (1791–1856), barokowy park powoli zaczął przekształcać się zgodnie z aktualną modą w ogród krajobrazowy, charakteryzujący się pięknymi grupami drzew, łąkami i łukowato biegnącymi alejami.

W pobliżu oranżerii, w północnym boskiecie znajdują się pozostałości monumentu, który był ważny dla historii rodziny Brühlów, ich ogrodu i świadomości historycznej. Został tu odtworzony kamienny sarkofag, który polecił ustawić prawdopodobnie hrabia Alojzy von Brühl ok. roku 1790. Sarkofag spoczywa na kamiennych kulach i jest otoczony obeliskami. Sarkofag był poświęcony pamięci barona Josepha von Gablenza (1762–1843), bliskiego przyjaciela rodziny. Inskrypcja „Piis manibus amicorum", zamiast przyjętej w starożytnym Rzymie formuły „Di(i)s manibus", odnosi się w tym przypadku jednoznacznie do pobożnych duchów przodków. Dodano tu nie jak zwykle imię zmarłego, lecz słowem „amicorum" upamiętniono przyjaźń i

Ansicht von Pförten um 1820/30
Widok Brodów ok. roku 1820/30

von Schloss Seifersdorf, das Graf Hanns Moritz von Brühl (1746–1811), der jüngste Sohn von Premierminister Heinrich von Brühl, gemeinsam mit seiner Frau Christine seit 1781 gestaltet hatte. Auch dort wird ein guter Geist beschworen, »Manibus patris« lautet die Inschrift hier, die an den Vater, an Heinrich von Brühl erinnern soll. Anders als im Seifersdorfer Tal stehen in Pförten neben dem Sarkophag heute wieder die beiden Obelisken. Jetzt wird die Spurensuche wirklich interessant. Denn auch in der Gruft des Reichsfreiherr Karl Gotthelf von Hund und Altengrottau (1722–1776) in Kittlitz, in der auch Mitglieder der Familie von Gablenz bestattet wurden, standen Obelisken. Einer von ihnen ist ein Erinnerungsmal an Graf Leopold Joseph von Daun, der 1766 starb. Dieser war der Sieger der Schlacht von Hochkirch, in der Friedrich II. am 14. Oktober 1758 erstmals im Siebenjährigen Krieg geschlagen wurde; nur einen Monat nachdem er das Schloss in Pförten hatte abbrennen lassen. Vielleicht sollen diese wieder aufgerichteten Obelisken im tiefen Garten des Schlossparks von Pförten an das Trauma der Brühls und an die Rache der Geschichte erinnern.

Seit 1815 gehörte Pförten zum Königreich Preußen und erst zwischen 1919 und 1924 entschied sich die Familie von Brühl, das Schloss in Pförten wieder aufzubauen. Das barocke Parterre vor dem Schloss war schon im 19. Jahrhundert in eine große Wiese verwandelt worden, auf der seit 1913 ein Schalenbrunnen aus dem Rosengarten in Forst die barocken Wasserspiele ersetzte. In den Wirren Ende des Zweiten Weltkriegs wurden das Schloss und sein Park erneut zerstört. Heute kann der aufmerksame Besucher die vielen Spuren der verschiedenen historischen Epochen im heute polnischen Brody entdecken und ihre teilweise schon erfolgte Wiederherstellung bewundern. Im Park waren die seit 2009 stattfindenden Parkseminare eine große Hilfe, und das ganze Ensemble erhielt die verdiente Aufmerksamkeit durch den 2010 ins Leben gerufenen Europäischen Parkverbund Lausitz.

specjalnych przyjaciół. Wzorem był przy tym zapewne podobny sarkofag z romantycznej doliny i pałacu Seifersdorf, który w roku 1781 zaprojektowali hrabia Hanns Moritz von Brühl (1746–1811), najmłodszy syn premiera Heinricha von Brühla, oraz jego żona Christina. Również i tutaj jest odwołanie do dobrego ducha. Inskrypcja „Manibus patris" przypominać ma ojca, Henryka von Brühla. W odróżnieniu od doliny Seifersdorf w Brodach ustawiono obok sarkofagu wymienione tu oba obeliski. Jeśli dalej podąży się śladami pamiątkowych kamieni i inskrypcji, można napotkać na ciekawe związki, albowiem przy grobowcu barona Rzeszy Karla Gotthelfa von Hund und Altengrotkau (1722–1776) w Kittlitz, w którym pochowani są także członkowie rodziny Gablenz, również stały obeliski. Jeden z nich upamiętnia hrabiego Leopolda Josepha von Dauna, który zmarł w roku 1766. Hrabia ten zwyciężył w bitwie pod Hochkirch, w której 14 października 1758 roku Fryderyk II po raz pierwszy został pokonany w trakcie wojny siedmioletniej – tylko miesiąc po rozkazie spalenia pałacu w Brodach. Być może ustawione w parku pałacu w Brodach obeliski miały przypominać traumę Brühlów i zemstę historii.

Od 1815 roku Brody należały do Królestwa Prus i rodzina Brühlów zdecydowała się odbudować pałac dopiero w latach 1919–1924. Barokowy parter przed pałacem został już w XIX wieku przekształcony w dużą łąkę, na której pod koniec 1913 roku fontanna z misą z Ogrodu Różanego w Forst zastąpiła barokowe wodotryski. W zawierusze pod koniec II wojny światowej pałac i park zostały ponownie zniszczone. Dziś uważny obserwator może odkryć tu ślady sztuki ogrodowej z różnych epok historycznych i podziwiać jej częściowo już dokonane odtworzenie. Pomocne w tym są organizowane od 2009 roku seminaria parkowe, a powołany do życia w 2010 roku Europejski Związek Parków Łużyckich, zwrócił zasłużoną uwagę na cały zespół pałacowo-parkowy.

Der Ehrenhof des Schlosses mit der
neu eingedeckten Schlossruine und den
gut erhaltenen Kavaliershäusern an beiden
Seiten. Ein Ensemble, das ab 1740 im
Auftrag des Grafen Heinrich von Brühl vom
Dresdner Architekten Johann Christoph
Knöffel (1686–1752) errichtet und im Laufe
der Zeiten immer wieder zerstört und
aufgebaut wurde.

*Główny dziedziniec z pokrytymi nową
dachówką ruinami pałacu i dobrze zachowa-
nymi oficynami po obu stronach. Ten zespół
architektoniczny został zaprojektowany
w roku 1740 na zlecenie hrabiego Heinricha
von Brühla przez drezdeńskiego architekta
Johanna Christopha Knöffla (1686–1752) i był
na przestrzeni wieków co jakiś czas niszczony
i ponownie odbudowywany.*

Von den sächsischen Hofbildhauern Johann Benjamin Thomae und Gottfried Knöffler wurden 1747/48 die vier Atlanten für den Schlosseingang in Brody geschaffen.

Sascy rzeźbiarze nadworni Johann Benjamin Thomae i Gottfried Knöffler stworzyli w latach 1747/48 dla wejścia do pałacu w Brodach cztery atlanty.

Allen Zerstörungen des Schlosses zum
Trotz tragen die Figuren des Atlas und
seiner drei Brüder seit 1747 den Balkon über
dem Schlosseingang von Pförten/Brody.

*Na przekór wszystkim zniszczeniom pałacu
posągi Atlasa i jego braci podtrzymują od
1747 roku balkon nad wejściem do pałacu
w Brodach/Pförten.*

Letzte Zeugen einer alten Lindenallee, die durch das nördliche Boskett des Parks von Brody führt.

Ostatni świadkowie dawnej alei lipowej, która prowadziła przez północny boskiet parku w Brodach.

Blick nach Süden über die Platanenwiese auf Schloss Brody/Pförten und das rechte Kavaliershaus im Ehrenhof.

Widok w kierunku południowym na łąkę z platanami, pałac w Brodach i oficynę z prawej strony głównego dziedzińca.

Giebel am Kavaliershaus an der südlichen Seite des Ehrenhofes. Das 1740 errichtete linke Kavaliershaus beherbergt heute ein Hotel und Restaurant.

Ściana szczytowa oficyny po południowej stronie głównego dziedzińca. Wzniesiona w roku 1740 oficyna po lewej stronie mieści dziś hotel i restaurację.

Das rechte der unzerstörten Kavaliershäuser an der nördlichen Seite des Ehrenhofes in dem Graf Aloys Friedrich von Brühl zwischen 1775 und 1785 wohnte.

Prawa zachowana oficyna po północnej stronie głównego dziedzińca, w której w latach 1775 do 1785 mieszkał hrabia Alojzy Fryderyk von Brühl.

Zwischen den alten Linden schimmert das Weiß der neu wieder aufgestellten Obelisken und des silbrigen Sarkophags, die im Park von Brody (Pförten) an edle Freundschaft erinnern sollen.

Spomiędzy starych lip prześwituje biel odtworzonych obelisków i srebrzystego sarkofagu, które w parku brodzkim mają przypominać o szlachetnej przyjaźni.

Dieses Monument ist dem Andenken an gute Freunde gewidmet und wurde hier Ende des 18. Jahrhunderts von den *Enkeln des Grafen Heinrich von Brühl errichtet.*

Monument poświęcony jest pamięci dobrych przyjaciół i został tu postawiony pod koniec XVIII wieku przez wnuków hrabiego Heinricha von Brühla.

Der einst von Segelbooten und beflaggten Gondeln bevölkerte See vor dem Schloss in Brody.

Jezioro przed pałacem w Brodach, po którym dawniej pływały żaglówki i oflagowane gondole.

Im Park von Brody (Pförten) sind noch einige Bäume aus der Entstehungszeit des Parks zu entdecken, darunter zwei kostbare Tulpenbäume (*Liriodendron tulipifera*).

W brodzkim parku można jeszcze odkryć kilka drzew z okresu jego powstania, wśród nich dwa cenne tulipanowce amerykańskie (Liriodendron tulipifera).

Zwischen den Zweigen alter Bäume taucht der Turm der Stadtkirche von Brody (Pförten) auf.

Pomiędzy konarami starych drzew widać wieżę kościoła parafialnego w Brodach.

MARINA HEILMEYER

MUSKAUER PARK
PARK MUŻAKOWSKI

DEUTSCH-POLNISCHE WELTKULTURERBESTÄTTE

Mit 26 Jahren erbte der junge Graf Hermann von Pückler-Muskau (1785–1871) die riesige Standesherrschaft in Muskau und begann sofort Mauern und Gebäude rund um das alte Schloss einzureißen, um das seiner Ansicht nach hässliche Erbe zu verschönern. Aber die Weltgeschichte stoppte zunächst seinen Tatendrang, als Napoleon 1812 beschloss, Russland zu erobern. Soldaten verschiedenster Nationen zogen durch Muskau und zerstörten Feld und Flur. Pückler beteiligte sich als Oberstleutnant im Gefolge des russischen Zaren an den Befreiungskriegen und zog 1814 zur Siegesfeier mit in Paris ein. Es ist durchaus möglich, dass er hier Zar Alexander in den zauberhaften Garten der Josephine Beauharnais nach Malmaison begleitete, ehe er nach England weiterreiste, um sich dort ersten Parkstudien zu widmen. Der Entschluss, auch an den Ufern der Neiße rund um seinen Familienstammsitz in Muskau einen ausgedehnten Park anzulegen, reifte wohl in England.

Im April 1815 musste er eilig nach Muskau zurück, denn die politische Lage in Europa hatte sich erneut zugespitzt. Napoleon war aus Elba nach Paris zurückgekehrt, ehe sein Stern im Juni desselben Jahres in Waterloo endgültig versank. Aber die Zeit in England hatte Pückler gereicht, um seine Visionen von der Gestaltung seines Besitzes in Muskau reifen zu lassen und sie nun vor Ort in konkrete Pläne umzusetzen. In der sonst so kargen und flachen Lausitz lag seine Standesherrschaft inmitten des geologisch aufregenden Muskauer Faltenbogens. Das eiszeitlich geformte Gelände mit seinen Bergen und Tälern, den tiefen Schluchten und weiten Flussauen bot die

POLSKO-NIEMIECKIE MIEJSCE ŚWIATOWEGO DZIEDZICTWA KULTURY

W wieku 26 lat młody hrabia Hermann von Pückler-Muskau (1785–1871) odziedziczył potężne państwo stanowe Mużaków i natychmiast rozpoczął rozbiórkę murów i budynków wokół starego zamku, aby upiększyć jego zdaniem brzydki majątek dziedziczny. Jednak historia świata wstrzymała jego zapał, gdy Napoleon postanowił w 1812 roku podbić Rosję. Żołnierze różnych narodowości przeszli przez Mużaków niszcząc pola i uprawy. Pückler udał się najpierw jako podpułkownik po stronie cara Rosji na wojny wyzwoleńcze i w 1814 roku przybył wraz z nim na święto zwycięstwa do Paryża. Jest całkiem możliwe, że towarzyszył tu carowi Aleksandrowi podczas wizyty w przecudownych ogrodach Josephiny Beauharnais w Malmaison, zanim pojechał dalej do Anglii, by poświęcić się tam studiom nad parkami. Decyzja, żeby na brzegach Nysy wokół swojej posiadłości rodowej w Mużakowie założyć rozległy park krajobrazowy, dojrzewała w nim prawdopodobnie już w Anglii.

W kwietniu 1815 roku wrócił w pośpiechu do Mużakowa, ponieważ sytuacja polityczna w Europie nagle ponownie się zaogniła. Napoleon powrócił z Elby do Paryża, zanim jego gwiazda ostatecznie zgasła w czerwcu tego roku pod Waterloo. Jednak czas spędzony w Anglii wystarczył Pücklerowi do tego, żeby dojrzały w nim wizje kompozycji swojej posiadłości w Mużakowie i przełożyły się na konkretne plany realizowane na miejscu. Jego państwo stanowe leżało pośród geologicznie fascynują-

Herbstlicher Blick auf den Pückler-Park in Muskau. Im Vordergrund die Doppelbrücke welche die östlich und westlich der Neiße angelegten Parkteile verbindet.

Park Mużakowski w jesiennej szacie. Na pierwszym planie Most Podwójny, łączący części parku położone po wschodniej i zachodniej stronie.

ideale Kulisse für die Planung eines Landschaftsgartens nach englischem Vorbild. Die Vorteile wie auch die Schwierigkeiten des Vorhandenen schildert er selbst: »Die Gegend besteht nach allen Seiten hin aus unübersehbaren Fichten- und Föhrenwäldern, in deren Mitte, in hügeliger Gegend, die kleine Mediatstadt Muskau liegt. Sie lehnt sich malerisch an einen Bergabhang, bis an dessen Gipfel die Terrassengärten der Bürger emporsteigen. Weiter gegen Süden, am Ende des Städtchens wird der Abhang schroffer und beschreibt einen Halbkreis, wo er mit hohen Buchen, Eichen und einzelnem Schwarzholz bedeckt ist, und viele romantische Schluchten bildet. Hier liegt ein Alraunbergwerk mit ansehnlichen Gebäuden. Der Kamm der Hügelkette wendet sich hierauf wieder südlich, und erreicht seinen höchsten Punkt bei einem alten Weinberg, wo man eine weite Aussicht auf den Lauf der Neiße und das ferne Gebirge hat. Von hier aus dachen sich die Hügel wieder abwärts und verlieren sich nach und nach im geschlossenen Walde.

Verfolgt man dagegen denselben Bergrücken vom anderen Ende der Stadt aus gegen Norden, so gelangt man an das steile bebuschte Ufer der Neiße, die sich von hier aus für das Auge mit dem Anblick einer Brücke und eines von Wald gekrönten Dorfes schließt. Unmittelbar vor dem Städtchen breitet sich die Neiße-Aue aus, ein völlig ebenes Tal, welches in seiner ganzen Länge vom Fluss durchströmt wird. Auf dieser Fläche liegt das alte wie das neue Schloss mit seinen Nebengebäuden.

Die Flussufer prangen überall mit einer Menge der schönsten Eichen. Jenseits des Flusses immer weiter nach Osten erhebt sich, nicht weit von seinen Ufern, abermals ein niedriger Bergrücken, der das zweite Plateau des Parks bildet, welches in einiger Entfernung nochmals von einer Hügelkette eingefasst wird, auf deren Gipfel sich eine dritte, noch weitere Fläche ausbreitet. Auf dem höchsten Punkt dieser Hügelkette genießt man eine sehr schöne und weite Aussicht. Den Vordergrund bietet das Neißetal mit dem Städtchen,

NICHTS IST EWIG,
ABER EWIG SCHAFFEN IST GÖTTLICH;
OB FÜR UNS ODER ANDERE,
IST GLEICHGÜLTIG.
FÜRST HERMANN VON PÜCKLER-MUSKAU,
1847

cego terenu Łuku Mużakowa, a znajdującego się na przeważnie ubogich i płaskich ziemiach Łużyc. Uformowane w epoce lodowej obszary z górami i dolinami, głębokimi wąwozami i szerokimi łęgami stanowiły idealną scenerię dla planów ogrodu krajobrazowego według angielskiego wzorca. Zalety oraz trudności zastanego krajobrazu Pückler opisywał następująco: „Okolica ze wszystkich stron składa się z bezkresnych lasów świerkowych i sosnowych, w środku których, wśród wzgórz, leży miasteczko Mużaków. Opiera się ono malowniczo o zbocze góry, na którym aż po szczyt znajdują się ogrody tarasowe mieszkańców. Dalej na południe, na końcu miasteczka, zbocze staje się bardziej strome i zatacza półokrąg, na którym porośnięte jest wysokimi bukami, dębami i pojedynczymi drzewami iglastymi, tworząc wiele romantycznych wąwozów. Znajduje się tu kopalnia ałunu z pokaźnymi budynkami. Grzbiet łańcucha wzgórz zawraca tu ponownie w kierunku południowym osiągając swój najwyższy punkt przy starej winnicy, skąd rozciąga się daleki widok na bieg Nysy i odległe góry. Od tego miejsca wzgórza opadają ponownie, chowając się coraz bardziej w gęstym lesie.

Jeśli podąży się tym samym wzniesieniem górskim z drugiego końca miasta w kierunku północnym, dotrze się do stromego, porośniętego krzakami brzegu Nysy, skąd widać most i otoczoną lasem wieś. Bezpośrednio przed miasteczkiem rozpościerają się łęgi nad Nysą, całkowicie płaska dolina, przez którą na całej długości płynie rzeka. Na tym terenie znajduje się zarówno stary jak i nowy zamek z budynkami gospodarczymi.

Na brzegach rzeki połyskuje cała masa przepięknych dębów. Po drugiej stronie rzeki, dalej w kierunku wschodnim, wznosi się niedaleko brzegu kolejny niższy wał, tworzący drugi płaskowyż w parku, który w pewnej odległości przechodzi w kolejny łańcuch wzgórz, na których szczycie rozciąga się trzecia, jeszcze szersza płaszczyzna. W najwyższym punkcie tych wzniesień

dessen Terrassengärten sich mit den Strohhütten des Dorfes Berg malerisch vereinigen. Südlich in den Schluchten rauchen Tag und Nacht die Alaunhütten und Töpferöfen, deren Feuersäulen bei eintretender Dämmerung die ganze Gegend erleuchten. Weiterhin aber verliert sich das Auge, dem Laufe des Flusses folgend, in einer mit alten Eichen reich besetzten Feldflur, bis der umschließende Wald von Neuem alles verschlingt und nur den blauen Häuptern der fernen Berge erlaubt, aus dem dunkelgrünen Meere emporzutauchen.«

Eines ist Pückler vom ersten Moment an klar, für den großflächigen Garten, der ihm vorschwebt, besitzt er nicht genügend Grund. Mit einem Blick aus den nach Osten gerichteten Fenstern des Schlosses hat er erkannt, dass er vor allem die Wiesen beidseits der Neiße erwerben muss, die nicht zu seinem Besitz zählten. Daher richtet er am 1. Mai 1815 folgendes Schreiben an die Bürger von Muskau: »Da ich von nun an entschlossen bin, für mein ganzes zukünftiges Leben meinen festen Wohnsitz in Muskau zu nehmen, um selbst für die Wohlfahrt meiner guten Bürger und Unterthanen mit väterlicher Obhut wachen zu können, und meine Einkünfte lieber ihnen als fremden Menschen zufließen zu lassen, so zweifle ich nicht, daß jeder Einwohner dieser Stadt es mir gerne gönnen wird, bei ernster Beschäftigung auch eine Lieblingsneigung zu befriedigen, deren Ausführung jedem von Ihnen gleichfalls zum Vergnügen und zum wahren Nutzen gereichen muß.«

Tatsächlich kann er die gewünschten Flächen in den folgenden Jahren für viel Geld erwerben. Die Vorgaben der Natur und die vorhandenen Bauten, die der Fürst als Zeugen der Orts- wie der Familiengeschichte respektierte, bilden nun die Grundlage für den grandiosen Entwurf eines Parks, dessen Gestalt und Ausmaße Pückler durch seine starke Imaginationskraft bereits vor Augen hatte. In seinem Park, so seine Vorstellung, sollte man wenigstens eine Stunde lang reiten oder mit der Kutsche fahren können, ohne dieselben Wege wieder zu benutzen. Zu den ersten Maßnahmen im Jahre 1816

można podziwiać piękny i daleki widok. Na pierwszym planie znajduje się dolina Nysy z miasteczkiem, którego ogrody tarasowe malowniczo łączą się z chatami krytymi strzechą we wsi Berg. W wąwozach na południu w dzień i w nocy dymią kominy hut ałunu i pieców garncarskich, których paleniska rozświetlają o zmierzchu całą okolicę. Podążając dalej wzrokiem wzdłuż biegu rzeki widać pola z dużą ilością starych dębów, które przechodzą ponownie w las, gdzie dalej w ciemnozielonym morzu widać już tylko błękitne szczyty odległych gór."

Jedno jest dla Pücklera od samego początku jasne: na rozległy ogród, który mu się marzy, ma za mało ziemi. Patrząc przez wychodzące na wschód okna zamku widzi, że musi nabyć przede wszystkim łąki po obu stronach Nysy, które nie należą do jego majątku. Dlatego kieruje 1 maja 1815 roku list do mieszkańców Mużakowa: „Ponieważ zdecydowałem się przez resztę całego mojego przyszłego życia zamieszkać na stałe w Mużakowie, aby móc osobiście z ojcowską pieczą dbać o korzyść moich dobrych obywateli i poddanych, i moje dochody lepiej im niż obcym ludziom dostarczać, więc nie wątpię, że każdy mieszkaniec tego miasta nic pożałuje mi, przy poważnym zajęciu zadowolić także moich ulubionych skłonności, których realizacja zaspokoić musi także przyjemności i prawdziwą korzyść dla każdego z Was."

Rzeczywiście udaje mu się w kolejnych latach wykupić pożądane tereny za spore sumy. Warunki naturalne i istniejące budynki, które książę szanuje jako świadków historii miejsca i rodziny, tworzą podstawę projektu wspaniałego parku, którego formę i rozmiary Pückler ma już przed oczami, dzięki swojej olbrzymiej sile wyobraźni. W swoich planach przewiduje, że w ogrodzie będzie można co najmniej przez godzinę jechać konno lub powozem nie wjeżdżając na te same drogi.

Do pierwszych, podjętych w roku 1816 działań, należały nasadzenia na stokach powyżej Mostu Książęcego w północnej

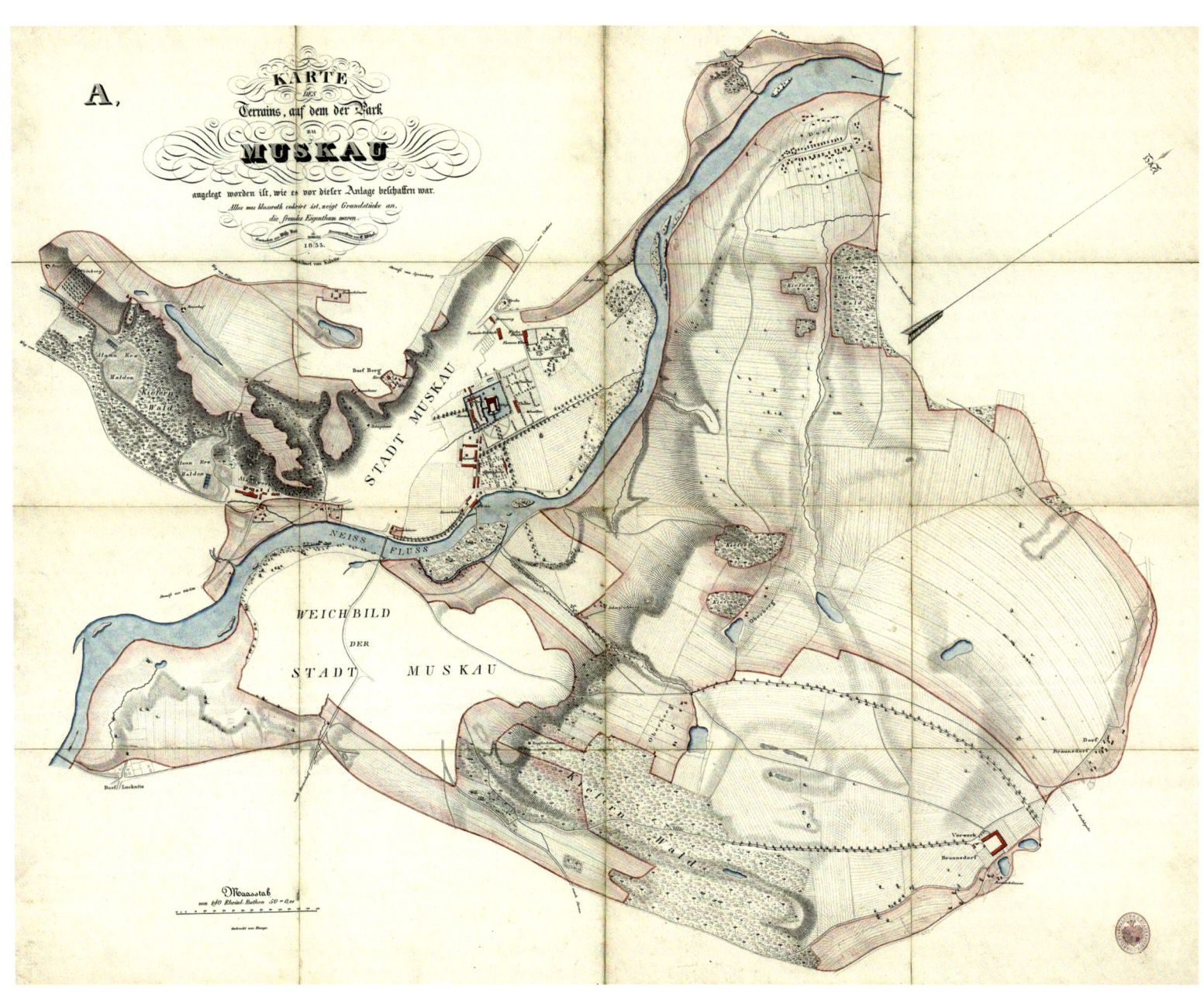

Plan A von 1815 aus den »Andeutungen über Landschaftsgärtnerei«, 1834
Plan A z 1815 r. ze »Szkiców o ogrodnictwie krajobrazowym«, 1834 r.

zählten Pflanzungen an den Berghängen über der Prinzenbrücke im nördlichen Teil des Parks sowie in der nächsten Umgebung des Schlosses, wo die Erde durch die einst hier gepflegten Gemüseäcker und Gärten für neue Pflanzungen schon geeignet war. Das Jahr 1817 brachte die entscheidenden Ereignisse für die Weiterentwicklung der Muskauer Parklandschaft. Pückler hatte Gräfin Lucie von Hardenberg (1776–1854), Tochter des preußischen Staatskanzlers, kennengelernt und sie im Oktober 1817 geheiratet. Es gelang ihm, in seiner Frau das gleiche Parkfieber zu entfachen, das ihn selbst befeuerte. Im gleichen Jahr noch entdeckte er auch den idealen Gärtner für Muskau. Bei Besuchen im nachbarlichen Schloss der Grafen von Brühl in Pförten (Brody) hatte er Jacob Heinrich Rehder (1790–1852) kennengelernt und abgeworben. Lucie und ihrem »Lou«, den beiden leidenschaftlichen, aber im Praktischen noch unerfahrenen Gartenkünstlern, stand nun der erfahrene Gärtner und spätere Garten-Inspektor Rehder zur Seite und begleitete mit seinem Fachwissen und seiner Begeisterung ganz wesentlich das Entstehen und die Gestaltung der Parklandschaft von Muskau.

Eine erste feste Struktur für den künftigen Landschaftsgarten bedeutete die Anlage der Fuß- und Fahrwege zu beiden Seiten der Neiße. Sie waren Pücklers besonderes Anliegen und sollten so perfekt gebaut werden, dass sie im Sommer wie im Winter passierbar blieben. Als »stumme Führer« geleiten sie damals wie heute den Besucher ohne Zwang zu den schönsten Aussichtspunkten im Garten. Gelegentlich lädt dann auch eine kleine Bank aus heimischem Granitstein zum Verweilen an Plätzen ein, die einen besonders schönen Blick in die Weite bieten. Meist gibt ein prächtiger und auffallender Baum neben dem Ruhesitz, eine schöne Eiche oder eine silbrige Pappel, schon aus der Ferne ein Zeichen und fordert die Aufmerksamkeit des Wanderers. Aber 1824 wurden die finanziellen Mittel des Ehepaares Pückler zunehmend knapp, und die beiden »Parkomanen« beschlossen, sich scheiden zu lassen. Der Fürst fuhr 1826 nach England, um eine reiche Erbin als Retterin des Muskauer Parks zu finden. Viele seiner nach Hause geschickten Briefe aus England enthiel-

części parku oraz w najbliższym otoczeniu zamku, gdzie gleba dzięki dawnej polnej i ogrodowej uprawie warzyw już się do tego nadawała. Rok 1817 przyniósł wydarzenia, które były decydujące dla dalszego rozwoju Parku Mużakowskiego. Pückler poznał hrabinę Lucie von Hardenberg (1776–1854), córkę pruskiego kanclerza i ożenił się z nią w październiku 1817 roku. Udało mu się rozbudzić w swojej żonie taki sam zapał do parku, który i jego napędzał. Jeszcze w tym samym roku odkrył także idealnego ogrodnika dla Mużakowa. Podczas wizyt w sąsiedzkim pałacu hrabiego von Brühla w Brodach (Pförten) poznał i zwerbował Jacoba Heinricha Rehdera (1790–1852). Lucie i jej „Lou" (tak Lucie zwracała się do Pücklera), dwoje zapalonych, ale w praktyce jeszcze niedoświadczonych architektów ogrodowych, miało teraz do pomocy doświadczonego ogrodnika i późniejszego inspektora ogrodowego Rehdera, który swoją fachową wiedzą i entuzjazmem istotnie wspierał powstanie i kompozycję krajobrazową parku w Mużakowie.

Pierwszą stałą strukturą przyszłego parku krajobrazowego były aleje spacerowe i drogi dla powozów. Były one dla Pücklera szczególnie ważne i miały być tak doskonale zbudowane, żeby były przejezdne zarówno latem jak i zimą. Jako tak zwani „niemi przewodnicy" prowadziły one gości i prowadzą dziś nadal bez zbędnego przymusu do najpiękniejszych punktów widokowych w ogrodzie. W niektórych miejscach małe ławki z rodzimego granitu zapraszają do chwili odpoczynku w miejscach, z których rozpościera się szczególnie piękny widok w dal. Widocznym już z oddali wyznacznikiem takiego miejsca, przyciągającym uwagę spacerującego gościa, jest potężne i charakterystyczne drzewo rosnące obok siedziska, piękny dąb lub srebrzysta topola. Już w 1824 roku zaczęło coraz częściej brakować środków finansowych, a oboje „parkomani" postanowili się rozwieść. Książę pojechał w roku 1826 do Anglii, aby znaleźć bogatą dziedziczkę dla ratowania Parku Mużakowskiego. Wiele z jego wysyłanych z Anglii do domu listów zawierało wskazówki i propozycje dla

Muskauer Park, Blick vom Dorf Berg auf die
Stadt, das Schloss und den Park aus den
»Andeutungen über Landschaftsgärtnerei«,
Erstausgabe 1834, Tafel XXXII

*Park Mużakowski, widok ze wsi Berg na miasto,
zamek i park, ze »Szkiców o ogrodnictwie
krajobrazowym«, pierwsze wydanie z roku 1834,
Tablica XXXII*

68

ten Anweisungen und Vorschläge für Lucie und Rehder, die sich in Muskau weiter um den Park bemühten. So ist das Rosenbeet im Schlossgarten, das unter dem englischen Begriff »Rosary« berühmt wurde, ein Ergebnis dieser Mitteilungen. Es ist in Form eines gotischen Kirchenfensters angelegt, die Konturen aus Buchs, die Felder mit rötlichen Rosen gefüllt. Auch die drei großen Pappeln, die für die Bildwirkung auf der Schlosswiese so bedeutungsvoll sind, gehen auf eine Anregung Pücklers zurück. Er hatte Ähnliches in England gesehen und 1826 in einem Brief an Lucie angemerkt: »Eine schöne Wirkung macht ein einzelner hoher Baum vor dem Hause, dessen Stamm man bis an die Krone glatt aufgeputzt hat, und unter welchem man nun den ganzen Garten und einen Teil des Parks übersieht, ein guter Wink für einen Landschaftsgärtner, den ich Dir in Muskau zu benutzen rate.«

1829 kehrt der Fürst aus England zurück. Die reiche Erbin hatte er nicht gefunden, aber durch die preußischen Landreformen wurde in jenen Jahren etwas Geld für die weitere Arbeit im Garten frei. Dazu kamen Honorare aus Pücklers erstem Buch, das unter dem Titel »Briefe eines Verstorbenen« zu einem sehr großen Erfolg wurde. Ein Nebeneffekt der glücklosen Mitgiftsuche waren zudem die vielen Besuche in den englischen Parks, die ihn zu einem Experten der Gartenkunst gemacht haben. Zwischen seiner Rückkehr 1829 und seiner Abreise an die Ufer des Nil 1834 fasste er seine Erkenntnisse in den »Andeutungen über Landschaftsgärtnerei« zusammen, setzte sie aber gleichzeitig auch im Muskauer Park ein, der jetzt an vielen Stellen der Vollendung entgegenging.

»Wer meinen Park sieht, der sieht in mein Herz«, sagte Pückler damals zu Bettina von Arnim. In Pücklers Parkgestaltung fließen viele dieser Eindrücke ein. Am schönsten kann man dies heute wieder erleben, wenn man den Panoramaweg zum Pücklerstein auf der östlichen Neißeseite entlangwandert. Mit jeder Biegung des Wegs bieten sich neue Ansichten auf Baumgruppen, die lebhafte Schatten auf die Wiesen werfen, auf das Schloss in der Ferne, das bald auftaucht, bald wieder verschwindet, und diagonale Sichtachsen erlau-

Lucie i Rehdera, którzy dalej troszczyli się o park w Mużakowie. Wynikiem tych instrukcji jest między innymi rabata różana w Ogrodzie Zamkowym, która stała się znana pod angielską nazwą „rosary". Została ona założona w formie gotyckiego okna kościelnego, którego kontury są z bukszpanu, a wypełnienie z czerwonych róż. Również (dawniej) trzy wielkie topole, zapewniające odpowiednią scenerię na Łące Zamkowej, są wynikiem zachęt ze strony Pücklera. Widział podobną rzecz w Anglii i przekazał swoje uwagi w liście do Lucie w 1826 roku: „Dobry efekt daje przed domem pojedyncze wysokie drzewo, którego pień jest aż po koronę wyczyszczony i pod którym można oglądać cały ogród i część parku – dobra wskazówka dla ogrodnika krajobrazowego, z którego radzę Ci w Mużakowie skorzystać."

W 1829 roku książę powrócił z Anglii. Bogatej dziedziczki nie znalazł, ale dzięki pruskim reformom ziemskim zebrało się w owych latach trochę pieniędzy na dalsze prace w ogrodzie. Do tego doszły honoraria z pierwszej książki Pücklera „Listy zmarłego", która stała się wielkim sukcesem. Efektem ubocznym bezskutecznego poszukiwania posagu były ponadto liczne wizyty w angielskich parkach, które sprawiły, że Pückler stał się ekspertem sztuki ogrodowej. Pomiędzy jego powrotem w 1829 roku i wyjazdem nad brzegi Nilu w 1834 roku spisał swoje doświadczenia w „Szkicach o ogrodnictwie krajobrazowym", stosując je również jednocześnie w Parku Mużakowskim, który w wielu miejscach zmierzał teraz ku ukończeniu.

„Kto spogląda na mój park, ten spogląda w me serce", powiedział Pückler kiedyś do Bettiny von Arnim. W kompozycjach parkowych Pücklera widocznych jest wiele tych efektów. Dziś jest to najlepiej widoczne, gdy wędruje się Drogą Panoramiczną do Kamienia Pücklera po wschodniej stronie Nysy. Za każdym zakrętem drogi otwierają się nowe widoki na grupy drzew, rzucające żywe cienie na łąki, na zamek w oddali, który raz się pojawia, raz znika, a diagonalne osie widokowe pozwalają dojrzeć w oddali Górę Pana czy Wzgórze Dębów. Po tej stronie parku

ben Fernsichten auf den Herrenberg oder den Eichseeberg. Auf dieser Parkseite begegnet der Wanderer drei Viadukten, die eiszeitliche Taleinschnitte überwinden. Hier finden sich auch die alten Eichen, unter deren Ästen man glaubt, Pückler sprechen zu hören: »Wohl dem, dessen Vorfahren ihm hohe Wälder, und einzeln stehende uralte Eichen, diese stolzen Riesen unseres Nordens unangetastet überliefert haben. Er erblicke sie nicht ohne Ehrfurcht und Freude.«

Der Muskauer Pückler Park hat sich 2010 mit den anderen hier vorgestellten Gärten zum Europäischen Parkverbund Lausitz zusammengefunden. Gemeinsam können sie ihr Gartenerbe betreuen, und für alle gelten Pücklers weise Worte: »Wir sind nämlich nicht imstande, in der landschaftlichen Gartenkunst ein bleibendes, fest abgeschlossenes Werk zu liefern, wie der Maler, der Bildhauer und Architekt, weil es nicht ein Totes, sondern ein Lebendes ist, und gleich den Bildern der Natur auch die unsrigen, wie Fichte von der deutschen Sprache sagte: immer werden, und nicht sind – das heißt nie stillstehen, nie ganz fixiert und sich selbst überlassen werden können.«

Stete finanzielle Sorgen ließen den Fürsten die Lust und die Freude am Muskauer Park verlieren und führten 1845 zum Verkauf des gesamten Besitzes und zum Neuanfang im alten Familienbesitz in Branitz.

spacerujący napotykają trzy wiadukty rozpięte nad lodowcowymi dolinami. Znajdują się tu też stare dęby, pod którymi ma się wrażenie, że słychać Pücklera, który mówi: „Szczęśliwy ten, którego przodkowie pozostawili nienaruszone wysokie lasy, pojedyncze stare dęby, te dumne olbrzymy naszej północy. Będzie zawsze na nie spoglądał z szacunkiem i radością."

Park Mużakowski Pücklera połączył się w roku 2010 z pozostałymi, przedstawionymi tu parkami, tworząc Europejski Związek Parków Łużyckich. Wspólnie opiekują się one swoim ogrodowym dziedzictwem i wszystkim tym parkom przyświecają mądre słowa Pücklera: „Nie jesteśmy bowiem w stanie dostarczyć w krajobrazowej sztuce ogrodowej dzieła statycznego, w pełni ukończonego, jak malarz, rzeźbiarz czy architekt, ponieważ nie jest ono dziełem martwym, lecz żywym, i na równi z obrazami natury również nasze dzieła, jak powiedział Fichte o języku niemieckim, zawsze się stają, a nie są – to znaczy nigdy nie stoją w miejscu, nie są zafiksowane i nie mogą zostać pozostawione same sobie."

Ciągłe kłopoty finansowe doprowadziły do tego, że książę stracił ochotę i radość z tworzenia Parku Mużakowskiego, sprzedał całą posiadłość w 1845 roku i przeniósł się do starego majątku rodowego w Branitz, by zacząć tam wszystko od nowa.

Geheimnisvoller Blick vom Schloss
in Muskau über die große Wiese auf
die Anhöhen jenseits der Neiße.

*Tajemniczy widok z zamku w Mużakowie
na dużą łąkę i wzgórza po drugiej stronie
Nysy.*

Blick von oben auf Schloss und Park Muskau und die von Fürst Pückler erdachte Pappelgruppe auf der Wiese vor dem Schloss.

Widok z góry na zamek i Park Mużakowski oraz zaplanowaną przez księcia Pücklera grupę topoli na łące przed zamkiem.

Das 1945 einer Brandstiftung zum Opfer gefallene Muskauer Schloss erstrahlt heute wieder in altem Glanz und spiegelt sich im Schlossgraben.

Zamek w Mużakowie, który w 1945 roku padł ofiarą podpalenia, lśni dzisiaj ponownie dawnym blaskiem i odbija się w tafli wody zamkowej fosy.

Replik eines vom Prinzen Friedrich der Niederlande 1857 aufgestellten Löwen vor dem Muskauer Schloss.

Replika lwa ustawionego w 1857 roku przez Księcia Holenderskiego przed mużakowskim zamkiem.

Teil des Schlossgartens in Muskau mit den nach Pücklers Vorbildern gestalteten Blumenbeeten.

Część ogrodu zamkowego w Mużakowie z klombami zaprojektowanymi według wzorców Pücklera.

Ausblick vom Schloss in Muskau bis in die Tiefe der Landschaft an der Neiße, vorbei an der berühmten Pappelgruppe.

Widok z zamku w Mużakowie w głąb krajobrazu nad Nysą ponad słynną grupą topoli.

Aussicht vom höchsten Schloss-
turm in Muskau.

*Widok z najwyższej wieży zamku
mużakowskiego.*

Über die gusseiserne Fuchsienbrücke
führt der Weg in den Blauen Garten.

*Droga do Ogrodu Niebieskiego wiedzie
przez Most Fuksji.*

Fürst Pückler war voller Ehrfurcht vor dem Alter und der Schönheit der Eichbäume, die seine Vorfahren ihm in den Wäldern von Muskau hinterlassen hatten.

Książę Pückler darzył wielkim szacunkiem stare i piękne dęby, które przodkowie pozostawili mu w mużakowskich lasach.

Blick vom Südflügel des Neuen Schlosses über die Schlosswiese mit der Pappelgruppe bis ins Neißetal.

Widok z południowego skrzydła Nowego Zamku na Łąkę Zamkową z grupą topoli i dalej aż do doliny Nysy.

Der Eichsee-Wasserfall mit dem charakteristischen spitzen Findling in der Mitte.

Wodospad przy Jeziorze Dębów z charakterystycznym spiczastym głazem narzutowym po środku.

Ein Blick in die Neiße-Auen gesehen vom Sitzplatz am *Weltende*.

Widok na błonia nad Nysą z siedziska przy Końcu Świata.

MARINA HEILMEYER

BRANITZER PARKLANDSCHAFT
KRAJOBRAZ PARKOWY W BRANITZ

DAS MEISTERWERK DES FÜRSTEN VON PÜCKLER-MUSKAU

Fürst Hermann von Pückler-Muskau (1785–1871) hat in Branitz sein Meisterwerk als Gartenkünstler geschaffen. Doch dazu musste der Fürst erst gezwungen werden. Seiner Frau und seinen väterlichen Vorfahren ist es zu verdanken, dass dieser wunderbare Park entstanden ist. Die Fürstin musste all ihre Überredungskunst aufbieten, damit Pückler in der einst traurigen Landschaft von Branitz seine Genialität erneut beweisen konnte. Zum Glück hatten seine Vorfahren in klugen Verträgen festgelegt, dass die Majoratsherrschaft von keinem Erben je verkauft werden durfte. Wäre diese Erbregelung nicht gewesen, Pückler hätte Branitz schon um 1820 gerne verkauft, um Geld für den Muskauer Park zu bekommen. Wäre seiner Frau Lucie die Trennung vom Muskauer Park, in dessen Gestaltung so viel Energie, Kummer und Freude steckte, nicht so unendlich schwergefallen, Pückler hätte sich schon viel früher wieder davon getrennt. 1845 musste Muskau aus finanziellen Gründen dann doch verkauft werden.

Nach dem Verkauf steht dem Fürsten der Sinn nach Freiheit und Reisen. Nur einen kleinen Besitz in südlichen Gefilden und reizvoller Landschaft hätte er nun gerne gehabt. Aber Fürstin Lucie fühlt eine Verpflichtung für das Erbe in Branitz, wo Generationen von Pücklers gelebt haben. Ihr gefällt der Gedanke, dass man hier das Gut der Vorfahren, den alten Familienbesitz rettet. Und ihr gefällt auch, dass Branitz nicht allzu weit entfernt vom bisherigen Wohnsitz liegt. Daher bezieht sie tapfer das bisher nur von einem Pächter bewohnte, etwas verwahrloste Schloss, das in einer von der Natur stiefmütter-

MISTRZOWSKIE DZIEŁO KSIĘCIA VON PÜCKLER-MUSKAU

Książę Hermann von Pückler-Muskau (1785–1871) stworzył w Branitz swoje mistrzowskie ogrodowe dzieło sztuki. Jednak najpierw książę musiał zostać do tego zmuszony. To jego żonie i przodkom z linii ojcowskiej możemy zawdzięczać powstanie tego cudownego parku. Księżna musiała użyć całego swojego daru przekonywania, aby Pückler ponownie mógł w pierwotnie smętnym krajobrazie Branitz dowieść swojego geniuszu. Na szczęście jego przodkowie w mądrych umowach ustalili, że żaden ze spadkobierców nie może nigdy sprzedać majątku majorackiego. Gdyby nie było tej dyspozycji spadkowej, Pückler sprzedałby Branitz już około 1820 roku, aby mieć pieniądze na Park Mużakowski. Gdyby z kolei rozstanie z Parkiem Mużakowskim, w którego projektowanie jego żona Lucie, włożyła tak wiele energii, trosk i radości, nie przychodziło jej z takim trudem, Pückler o wiele wcześniej by się z nim rozstał. W roku 1845 Mużaków musiał jednak zostać sprzedany z powodów finansowych.

Po sprzedaży książę chciał cieszyć się wolnością i podróżami. Pragnął jedynie małej posiadłości na południu i urokliwego krajobrazu. Ale księżna Lucie czuła się zobowiązana wobec dziedzictwa w Branitz, gdzie żyły pokolenia Pücklerów. Podobał jej się pomysł, aby dobra przodków, ten dawny majątek rodowy, uratować. Podobało jej się także, że Branitz leży nie tak daleko od poprzedniego miejsca pobytu. Dlatego dzielnie zamieszkała w dzierżawionym do tej pory i trochę zapuszczonym pałacu, położonym w okolicy po macoszemu potraktowanej przez naturę,

Herbstliches Farbenspiel rund um die See- und die Erdpyramide im Park von Schloss Branitz.

Jesienna gra kolorów przy piramidzie na wodzie i lądzie w Parku Branitz.

lich behandelten Gegend liegt, eine flache, sandige Ebene, auf der nur Kiefern und ein paar spärliche Obstbäume gedeihen. Pückler gesteht schon 1848 in einem Brief an Lucie: »Man kann übrigens alles was in Branitz geschieht im vollsten Sinne Deine Schöpfung nennen, denn ohne Deinen Wunsch und Anregung wäre es mir nie im Traume eingefallen, hier mein Talent leuchten zu lassen. Ruhm und Verantwortung deshalb gehören Dir.«

Und so überredet die siebzigjährige Lucie ihren sechzigjährigen Lebensgefährten, erneut einen Landschaftsgarten anzulegen. Ein Werk, für das man eigentlich wenigstens 30 Jahre vor sich haben müsste, um seine voll entwickelte Schönheit noch zu erleben. Pückler stöhnt, er weicht aus, er verreist, er schreibt seiner »Schnucke« aus Italien und bezeichnet sie liebevoll spöttisch als »Sandwurm«, »Branitzka« und »Wüstiana«. Aber schließlich fängt er doch Feuer, fühlt sich noch einmal als Gartenkünstler herausgefordert von einer schier unlösbaren Aufgabe. »Nichts ist ewig, aber ewig schaffen ist göttlich, ob für uns oder andere, ist gleichgültig« wird zu seinem Motto in Branitz werden.

Pückler teilt auch diesen Garten in verschiedene Zonen ein, so wie er es in England gelernt und in Muskau schon erprobt hat. Mit Außenpark und Innenpark beläuft sich die Branitzer Parklandschaft auf über 600 Hektar inmitter der weitaus größeren Herrschaft. Auch im Außenpark legt er Wege für Spazierfahrten und Ausritte durch das ganze ausgedehnte Gelände an und inszeniert erneut eine optische Annäherung an das Zentrum der Anlage, das Schloss. Umkreist man dieses Ziel auf seinen kunstvollen Pfaden, so erscheint der rosafarbene Bau in der Ferne teilweise hinter den Bäumen verdeckt, um wieder zu verschwinden, erneut aufzutauchen, den Besucher neugierig zu machen und gespannt dem Schloss entgegenzulocken. Zuerst ein Graben und dann kleine Zäune schirmen die innersten Bereiche des »zonierten« Parks ab und verdeutlichen die Gestaltungsprin-

BRANITZ WAR EINES POETEN LIEBLICHER TRAUM, DER ZUR WIRKLICHKEIT WURDE; ES IST EINE SCHÖNE, EINE GROSSARTIGE DICHTUNG, MIT SMARAGDENEN LETTERN IN DEN SAND DER LAUSITZ GESCHRIEBEN.
LUDMILLA ASSING, 1874

na płaskiej, piaszczystej równinie, na której rosły tylko sosny i kilka rachitycznych drzewek owocowych. Pückler wyznał już w 1848 roku w liście do Lucie: „Właściwie wszystko, co się dzieje w Branitz można całkowicie słusznie nazwać Twoim dziełem, ponieważ bez Twojego życzenia i zachęty nigdy by mi do głowy nie przyszło, żeby pokazać tu mój talent. Sława i odpowiedzialność należą się zatem Tobie."

I tak to siedemdziesięcioletnia Lucie zaczęła przekonywać swojego sześćdziesięcioletniego towarzysza życia do założenia nowego ogrodu krajobrazowego, czyli do wykonania dzieła, na które potrzebnych byłoby właściwie co najmniej 30 lat, żeby zobaczyć w pełni powstałe piękno. Pückler wzdychał, robił uniki, wyjeżdżał, pisał do swojej „Owieczki" (»Schnucke«) z Włoch nazywając ją z czułą ironią „Piaskówką", „Branitzką" i „Pustynianką". Ale w końcu złapał bakcyla, poczuł jako architekt ogrodowy wyzwanie wykonania na pozór niewykonalnego zadania. „Nic nie jest wieczne, ale wieczne tworzenie jest boskie, czy to dla nas, czy dla innych, wszystko jedno" – to zdanie miało się stać mottem w Branitz.

Pückler podzielił również i ten ogród na strefy, tak jak się tego nauczył w Anglii i wypróbował już w Mużakowie. Cały obszar w Branitz z Parkiem Zewnętrznym i Wewnętrznym rozciąga się na ponad 600 hektarach pośród znacznie większego majątku. Również w Parku Zewnętrznym wytyczył drogi do spacerowych przejażdżek powozem i konnych wycieczek po całym rozległym terenie, inscenizując optyczne zbliżenie do centrum założenia – pałacu. Jeśli będziemy krążyć wokół niego, poruszając się po misternie wytyczonych alejach parkowych, to połyskujący różowym kolorem budynek ukaże nam się częściowo skryty za drzewami, aby następnie zniknąć, po chwili ponownie się pojawić, zaciekawić gościa i przyciągnąć go do siebie. Najpierw rów,

zipien, die vom Außenpark über den »Pleasureground«, für den nie ein adäquater deutscher Name erfunden wurde, bis zu den intensiv gestalteten und farbenfrohen Blumenbeeten führen, die den Bereich direkt um das Schloss auszeichnen.

Einen ersten Rat zu den vorhandenen Bauten in Branitz erhoffte sich Pückler 1846 von dem Architekten Gottfried Semper (1803–1879). Für den Entwurf der Terrasse, die nach den Vorstellungen von Lucie das Schloss umfassen, aufwerten und mit dem Garten verbinden sollte, schickte Semper seinen Schüler Adolf Hohlfeldt nach Branitz. Und zwei Jahre später konnte Pückler der Fürstin bestätigen: »Deine Idee der Terrasse, die nun ganz fertig und geschmückt ist, erhebt das Schloss auf eine fast unglaubliche Weise, so dass es sich nicht mehr ähnlich und wirklich palaismäßig aussieht.«

Nach Westen eröffnet sich von der Terrasse über die Schlosswiese ein weiter Blick in die Tiefen des Parks. Auf den Wiesen und an ihren Rändern stehen herrliche Bäume, einzeln oder zu Gruppen komponiert. Große schöne Bäume waren in der Entstehungszeit des Branitzer Parks in Baumschulen kaum zu finden und wurden in den schlosseigenen Gärtnereien gerade erst in bescheidenen Größen herangezogen. Deshalb suchte der Fürst auf seinen weiten Ritten durch die Wälder und Wiesen der Umgebung schöne Exemplare für seinen noch leeren Park zu entdecken. Das Umsetzen erforderte großes gärtnerisches Wissen. Viele Geschichten ranken sich auch um den Transport solcher Bäume durch die Stadt Cottbus, für deren Passage einmal sogar ein Stadttor halb abgedeckt werden musste. Rechnungen für zertrümmerte Fensterscheiben erreichten den Schlossverwalter immer wieder. Der Fürst bevorzugte heimische Baumarten, weil ihr Gedeihen im gewohnten Klima sicher war. Stets hat er darauf geachtet, dass die Bäume in Gestalt und Laubfärbung untereinander harmonierten. Bildbestimmend treten sie mal in der Mitte, mal am Rande der Grünflächen in Erscheinung. Ob Grau-

BRANITZ BYŁO UROCZYM
MARZENIEM POETY,
KTÓRE SIĘ URZECZYWISTNIŁO.
JEST TO PIĘKNY,
WSPANIAŁY POEMAT,
NAPISANY SZMARAGDOWYMI
LITERAMI W ŁUŻYCKIM PIASKU.
LUDMILLA ASSING, 1874

a następnie małe płotki oddzielają najbardziej centralne części „strefowanego" parku, podkreślając zasady kompozycyjne, począwszy od Parku Zewnętrznego poprzez „pleasureground", dla którego nigdy nie wymyślono adekwatnego pojęcia niemieckiego czy polskiego, aż po bujne i kolorowe klomby kwiatowe, które wyróżniają obszar bezpośrednio wokół pałacu.

Pierwszej rady w sprawie zastanych w Branitz budynków zasięgnął Pückler w 1846 roku u znanego architekta Gottfrieda Sempera (1803–1879). W celu wykonania projektu tarasu, który zgodnie z wyobrażeniami Lucie miał otaczać cały pałac, upiększyć go i połączyć z ogrodem, Semper wysłał do Branitz swojego ucznia Adolfa Hohlfeldta. Dwa lata później Pückler pisał już do księżnej: „Twój pomysł na taras, który jest już gotowy i ozdobiony, w niesamowity sposób dowartościował cały budynek, tak że nie przypomina już tego dawnego i wygląda rzeczywiście jak pałac."

W kierunku zachodnim z tarasu otwiera się daleki widok poprzez łąkę przy pałacu w głąb parku. Na łąkach i ich skrajach rosną wspaniałe drzewa, zaplanowane pojedynczo lub w grupach. W okresie powstawania Parku Branitz w szkółkach nie było prawie żadnych pięknych dużych drzew, a w przypałacowym ogrodnictwie odchowane były dopiero co egzemplarze skromnej wielkości. Dlatego książę, podczas konnych przejażdżek po łąkach i lasach w okolicy, szukał pięknych okazów do swojego pustego jeszcze parku. Ich przesadzanie wymagało dużej wiedzy ogrodniczej. Wokół transportu takich drzew przez miasto Cottbus, kiedy to raz nawet trzeba było w połowie rozebrać bramę miejską, narosło wiele historii. Rachunki za zbite szyby w oknach co chwilę wpływały do zarządcy pałacu. Książę preferował rodzime gatunki drzew, ponieważ zagwarantowany był ich dobry wzrost w tutejszym klimacie. Stale zwracał uwagę

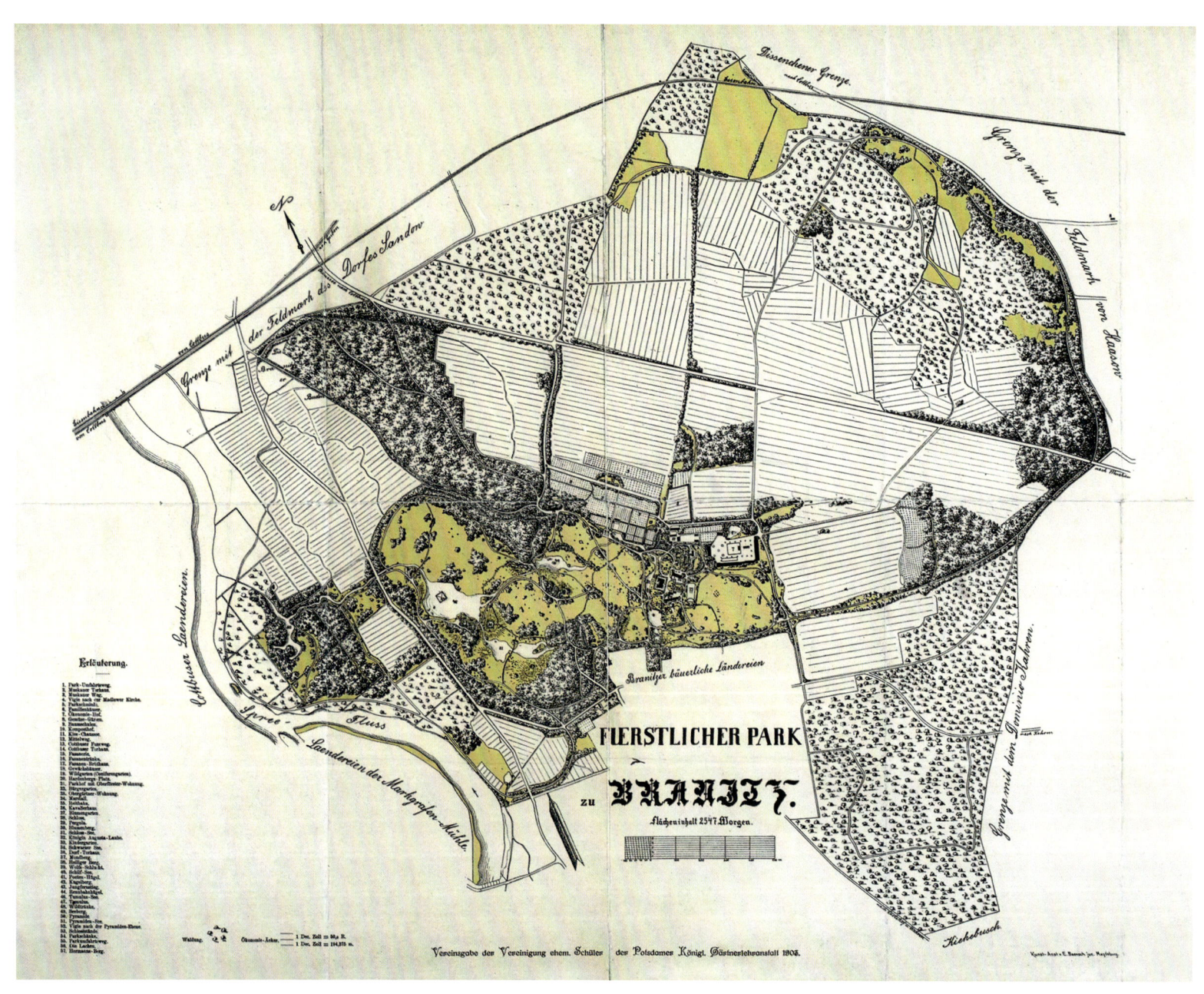

Plan des »Fürstlichen Parks zu Branitz«, 1903
Plan »Książęcego Parku w Branitz«, 1903 r.

pappel, Silberlinde oder Blutbuche, jeder Baum kommt in Pücklers Paradies zur Geltung.

Bäume wie Hügel spiegeln sich in den vielen künstlichen Wasserflächen, die mal ernst und geheimnisvoll wie der Schwarze See, mal hell und heiter wie der Schilfsee wirken. Die untereinander verbundenen Seen und Kanäle laden ein zu einer Gondelfahrt, bei der man lautlos über die stillen Gewässer gleiten und neue Blicke auf Schloss und Park genießen kann.

In die kunstvoll gestaltete Schönheit dieses Gartenparadieses ist eine tiefe Symbolik verwoben. Sie drängt sich nicht auf, aber ihre Entschlüsselung bereichert den Genuss von Pücklers Werk. Im Schloss als Zentrum und Herz der Anlage gedenkt der Fürst der Liebe als Antriebsfeder allen Lebens. Sie wird durch Venus, die Göttin der Liebe symbolisiert, die Pückler durch zwei ganz unterschiedliche Bildwerke verkörpern lässt. Eine mädchenhaft verschämte Venus steht im östlich des Schlosses gelegenen Pergolagarten, im westlichen Bereich heißt eine zu voller, üppiger Schönheit gereifte, in einen blauen Mantel gehüllte Venus den Gast mit großer Geste willkommen.

Während Pückler im Park auf heimische Gehölze setzt, ist die Terrasse an der Westseite mit Rhododendron, Mahonien und Kirschlorbeer bepflanzt, und zu beiden Seiten öffnen im Frühjahr Magnolien ihre tulpenförmigen Blüten. Rundum stehen auf der Balustrade große Vasen, die mit blauen Hortensien bepflanzt sind, und an der östlichen Hausmauer prunken im Sommer hinter und zwischen den bunten Blumenbeeten Pflanzen aus der Orangerie, wie Orangenbäume, Granatapfel und Oleander.

Die Gewächshäuser sind auf dem Gelände des alten Küchengartens ab 1847 entstanden. Ab 1848 wurden hier und in der Schlossgärtnerei für die fürstliche Tafel vor allem Salat und Spinat, Erbsen und Champignons, Artischocken und Spargel gezogen. Die goldene Ananas, die das Dach des Kuppelhauses krönt, ist nicht nur ein exotisches Schmuckstück. Pückler versuchte, die in Muskau begonnene Ananaszucht in Branitz fortzusetzen.

na to, żeby drzewa w swoim pokroju i barwie harmonizowały ze sobą. W zależności od widoku, pojawiają się raz po środku, raz na skraju trawników. W raju Pücklera każde drzewo miało swoją wartość, niezależnie od tego, czy była to topola szara, lipa srebrzysta, czy buk czerwony.

Drzewa, jak i pagórki, odbijają się w wielu sztucznych zbiornikach wodnych, które raz to sprawiają wrażenie poważnych i tajemniczych, jak Jezioro Czarne, raz są jasne i wesołe, jak Jezioro Trzcinowe. Połączone ze sobą jeziorka i kanały zapraszają na przejażdżkę gondolą, podczas której można bezgłośnie sunąć po cichej wodzie i podziwiać coraz to inne widoki na pałac i park.

Z misternie zaprojektowanym pięknem tego ogrodowego raju splata się głęboka symbolika, która się nie narzuca, ale jej odszyfrowanie wzbogaca doświadczanie pücklerowskiego dzieła. W pałacu jako centrum i sercu obiektu książę upamiętnił miłość jako siłę napędową wszelkiego życia. Symbolizują ją Wenus, bogini miłości, ucieleśniona przez Pücklera w dwóch całkowicie różnych dziełach plastycznych. W ogrodzie z pergolami po wschodniej stronie pałacu stoi dziewczęca, lekko zawstydzona Wenus, a po zachodniej stronie szerokim gestem wita gości spowita w niebieską szatę Wenus o pełnej, dojrzałej piękności.

Podczas gdy Pückler stawiał w parku na drzewa rodzimych gatunków, taras został obsadzony po stronie zachodniej rododendronami, mahoniami i laurowiśniami, a po obu stronach wiosną magnolie prezentują swoje kielichowate kwiaty. Dookoła na balustradzie stoją wielkie wazy z niebieskimi hortensjami, a przy wschodniej ścianie pałacu imponująco prezentują się latem między klombami kolorowych kwiatów rośliny z oranżerii, takie jak drzewka pomarańczowe, granatowce i oleandry.

Po roku 1847 na terenie dawnego ogrodu użytkowego zaczęto budować szklarnie. Od 1848 roku uprawiano tu oraz w ogrodnictwie pałacowym przeznaczone na książęcy stół szpinak, groszek, pieczarki, karczochy i szparagi. Złoty ananas, wieńczący dach Domu z Kopułą, jest nie tylko egzotyczną ozdobą. Pückler

Branitzer Park, Blick vom Hermannsberg über die Pyramidenebene, Aquarell
von A. v. Constant-Rebecque, 1872

*Park Branitz, widok z Góry Hermanna
na równinę z piramidami, akwarela
A. v. Constant-Rebecque, 1872 r.*

Von Sonnenaufgang bis Sonnenuntergang, von Ost nach West, von der Parkschmiede bis zum Tumulus spannt sich ein Weg der Erkenntnis, den man in diesem Park durchlaufen kann. Je näher der Tumulus rückt, desto dichter werden die Zeichen. An die drei großen monotheistischen Religionen des Nahen Ostens, den Pückler aufmerksam bereist hatte, erinnern der silbrige Halbmond auf den Mondbergen, das Kreuz auf dem Heiligen Berg und der Davidstern auf der Ägyptischen Brücke. In diesem Teil des Parks bemerkt der Wanderer eine deutlich wachsende Spannung. Schon zeichnet sich der Umriss der ersten Pyramide hinter den Zweigen der Bäume ab. Der Fürst lässt den Spaziergänger mit einer perfekten Inszenierung an seinen ägyptischen Reiseerinnerungen teilhaben. Die Landpyramide erinnert an das ägyptische Sakkara, dessen im Palmenhain gelegene Stufenpyramide Pückler 1837 nur aus der Ferne bewundern konnte. Zwei Tage zuvor hatte er die drei Pyramiden von Giseh besucht und kühn bestiegen, um die weite Aussicht über die Wüste und bis zu den Minaretts von Kairo zu genießen. Auch seine aus dem Aushub des großen Sees aufgetürmte Erdpyramide konnte man ursprünglich besteigen und hatte dann einen weiten Blick zu den Fabrikschloten und den Kirchtürmen von Cottbus. Zum Wahrzeichen des Branitzer Parks aber wurde Pücklers Begräbnisstätte, der »Tumulus«: Er ist der Höhepunkt seiner weit über den Tod hinaus wirkenden Selbstinszenierung.

Lassen wir zum Schluss, wenn die Abendsonne rosenfarben hinter der Pyramide im See versinkt, noch einmal Pücklers Verehrerin und Biographin Ludmilla Assing zu Wort kommen: »Die Verschönerung von Branitz war keine geniale Laune des Fürsten. Sie war weit mehr. Sie war eines Poeten lieblicher Traum, der zur Wirklichkeit geworden ist. Sie ist eine schöne, eine großartige Dichtung, mit smaragdenen Lettern in den Sand der Lausitz geschrieben!«

próbował bowiem kontynuować w Branitz rozpoczętą w Mużakowie hodowlę ananasów.

Od wschodu do zachodu słońca, ze wschodu na zachód, od parkowej kuźni aż po piramidę na jeziorze, rozciąga się droga filozoficznego poznania, którą można w tym parku przejść. Im bliżej piramidy na jeziorze, tym gęściej usłane są jego symbole. O trzech wielkich religiach monoteistycznych Bliskiego Wschodu przypominają: srebrny półksiężyc na Księżycowych Wzgórzach, krzyż na Świętej Górze i Gwiazda Dawida na Moście Egipskim. W tej części parku zwiedzający odczują wyraźnie rosnące napięcie. Za gałęziami drzew pojawia się zarys pierwszej piramidy. Dzięki doskonałej inscenizacji książę pozwala spacerowiczom uczestniczyć w swoich reminiscencjach z podróży do Egiptu. Piramida lądowa przypomina egipską Sakkarę, w której Pückler mógł jedynie z daleka podziwiać w 1837 roku położoną w gaju palmowym piramidę schodkową. Dwa dni wcześniej odwiedził trzy piramidy w Gizie i śmiało się na nie wspiął, aby podziwiać daleki widok na pustynię, który sięgał aż po minarety Kairu. Pierwotnie można było wchodzić także na jego piramidę, która została usypana z ziemi pochodzącej z wykopu dużego jeziora, i podziwiać stamtąd daleki widok aż po kominy fabryczne i wieże kościelne Cottbus. Symbolem Parku Branitz stało się jednak miejsce pochówku Pücklera, czyli piramida na jeziorze zwana „tumulusem". To ona jest punktem kulminacyjnym jego oddziałującej długo po śmierci autokreacji.

Na zakończenie, gdy zachodzące w różowym blasku słońce chowa się za piramidą, oddajmy głos wielbicielce i biografce Pücklera, Ludmilli Assing: „Upiększanie Branitz nie było jakimś genialnym kaprysem księcia. Było czymś więcej. Było słodkim marzeniem poety, które się urzeczywistniło. Jest to piękny, wspaniały poemat, napisany szmaragdowymi literami na łużyckich piaskach!"

Der Fischbalkon am Schwarzen See
Pomost do karmienia ryb nad Czarnym
Jeziorem

Das opulente Venusbeet mit
Canovas Venus Italica und all dem
Faunen und Tritonen ist Höhepunkt
des Pleasuregrounds.

Imponująca rabata kwiatowa z Wenus
Italica Canovy oraz faunami i trytonami
jest głównym elementem pleasure-
groundu.

Der Haupteingang ins Schloss in Branitz
führt über die blumengeschmückte Terrasse.

*Wejście główne do pałacu w Branitz
prowadzi przez przystrojony kwiatami taras.*

Einer der magischen Greife auf der Gartenseite der Schlossterrasse.

Jeden z magicznych gryfów na tarasie przypałacowym od strony ogrodu.

Der Grüne Saal verbindet das Innere des Schlosses mit den Salons unter freiem Himmel, wie Pückler den Pleasureground nannte.

Sala Zielona łączy wnętrze pałacu z salonem pod gołym niebem, jak Pückler nazywał pleasureground.

Blick über den See vor dem Schloss, wo auf einer kleinen Insel die *Venus von Capua* steht und auf der Wiese jenseits des Wassers die Rosenlaube mit der Büste der Sängerin Henriette Sontag grüßt.

Widok na jezioro przed pałacem, gdzie na małej wysepce stoi Wenus z Kapui, *a na łące na drugim brzegu Altana Różana z popiersiem śpiewaczki Henriette Sonntag.*

Die Parkschmiede war das Haupttorgebäude von der Englischen Allee im Außenpark in den Innenpark.

Kuźnia parkowa była głównym budynkiem bramnym Alei Angielskiej pomiędzy parkiem zewnętrznym i wewnętrznym.

97

Das heute als Restaurant
genutzte Kavaliershaus.

*Oficyna wykorzystywana
obecnie jako restauracja.*

Stillleben aus Blumen
im Branitzer Park.

*„Martwa natura" z kwiatami
w Parku Branitz.*

Nachbau der »Baummaschine« in Pücklers geliebtem Blau. Mit diesem Gefährt gelang dem Fürsten der Transport und das Verpflanzen von Großbäumen.

Replika „maszyny do sadzenia drzew" w ulubionym przez Pücklera błękicie. Przy pomocy tego pojazdu księciu udawało się przewozić i przesadzać duże drzewa.

Das von einer goldenen Ananas bekrönte Gewächshaus spiegelt sich malerisch im Blumensee.

Szklarnia zwieńczona złotym ananasem odbija się malowniczo w Jeziorze Kwiatów.

Weiter Blick über den Schlangensee
bis zur Landpyramide.

*Daleki widok na Jezioro Węży
i piramidę lądową.*

Die Stufen- oder Landpyramide, gekrönt von
einem Gitter mit der Inschrift: »Gräber sind
die Bergspitzen einer fernen neuen Welt«.

*Piramida schodkowa lub lądowa,
zwieńczona kratą z napisem: „Groby są
szczytami gór dalekiego nowego świata".*

Schlangenbrücke und Landpyramide
in winterliches Weiß getaucht.

Most Węży i piramida lądowa
w zimowej bieli.

Pücklers Grabpyramide, so winterlich, wie
am Tag seines Begräbnisses im Februar 1871.

Piramida z grobem Pücklera w zimowej scenerii,
tak jak miało to miejsce podczas jego pogrzebu
w lutym 1871 roku.

STEFAN KÖRNER

HERZOGLICHER PARK UND SCHLOSS ZATONIE (GÜNTHERSDORF)
PARK I PAŁAC KSIĄŻĘCY ZATONIE

WELTGESCHICHTE IM WELTENTRÜCKTEN WINKEL

Im »weltentrückten Winkel«, dort, wo über Jahrhunderte die Grenzen zwischen der Lausitz und Schlesien, zwischen Böhmen, Sachsen, Österreich und Preußen wanderten, liegt still zwischen Sand und Tannenwäldern Günthersdorf. Das Dorf machte seit dem 14. Jahrhundert keine große Geschichte. Ebenso wechselten die Eigentümer: Im 16. Jahrhundert waren es die Kittlitz, Lestwitz, Prittwitz, Schweidnitz – typischer Itz-Provinzadel. 1771 folgte die Familie eines illegitimen Sohnes von Sachsens Kurfürst August dem Starken als Herren in Günthersdorf – doch die eigentlich berühmte Geschichte um die Mutter, Gräfin Cosel, spielte weitab von hier. Irgendwann entstand ein zweigeschossiger Schlossbau. Nach Jahrhunderten der Bedeutungslosigkeit zog erst 1809 der Hauch großer Geschichte ins Dorf, als die kurländische Herzogsfamilie von Biron ihre Herrschaften um Grünberg (Zielona Góra) und von Deutsch-Wartenberg (Otyń) erweiterte. Am 13. Juni 1840 betrat mit der neuen Eigentümerin von Gut und Schloss, Dorothea, die spätere Herzogin von Sagan, endlich die Weltgeschichte Günthersdorf.

Das Leben der damals 46-jährigen Dorothea von Biron (1793–1862) bündelte alle bedeutenden Epochen des 19. Jahrhunderts wie in einem Brennglas und schrieb so etwas, was man die ganz große Weltgeschichte nennt: Geboren als Prinzessin von Kurland, war sie die Tochter des letzten Herrschers des absolutistischen Staates im Baltikum und von Russlands Gnaden. Als Kind spielte sie geschwisterlich mit den preußischen Königskindern in Berlin. Zar Alexander I. vermittelte ihre Hochzeit 1809 in Paris mit dem Neffen des französi-

ŚWIATOWA HISTORIA W ODERWANYM OD ŚWIATA ZAKĄTKU

W „oderwanym od świata zakątku", tam, gdzie przez wieki zmieniały się granice pomiędzy Łużycami i Śląskiem, pomiędzy Czechami, Saksonią, Austrią i Prusami, leży cichutko wśród piasków i lasów jodłowych Zatonie (Günthersdorf). Od XIV wieku wieś nie odgrywała większej roli w historii, podobnie jak jej zmieniający się właściciele: w XVI wieku byli to Kittlitzowie, Lestwitzowie, Prittwitzowie, Schweidnitzowie – typowa szlachta zaściankowa. W roku 1771 panowanie na Zatoniu rozpoczęła rodzina nieślubnego syna elektora saskiego Augusta Mocnego – ale właściwie słynna historia związana z jego matką, hrabiną Cosel, rozgrywa się daleko stąd. W którymś momencie powstał dwukondygnacyjny budynek pałacowy. Po mało znaczących wiekach dopiero w 1809 roku powiew wielkiej historii dotarł do wsi, gdy to kurlandzki ród książęcy Bironów poszerzył swój majątek o ziemie wokół Zielonej Góry (Grünberg) i Otynia (Deutsch-Wartenberg). W dniu 13 czerwca 1840 roku wraz z nową właścicielką posiadłości i pałacu, Dorotą, późniejszą księżną żagańską, do Zatonia zawitała w końcu światowa historia.

W życiu wówczas 46-letniej Doroty von Biron (1793–1862) skupiły się jak w soczewce wszystkie znaczące okresy XIX wieku, składając się w coś, co nazywamy wielką światową historią: Urodziła się jako księżniczka kurlandzka i córka ostatniego władcy absolutystycznego państwa bałtyckiego z łaski Rosji. Jako dziecko bawiła się wspólnie z dziećmi pruskiego króla w Berlinie. Car Aleksander I zaaranżował jej ślub w 1809 roku w Pary-

Klassizistische Fassade von Schloss Günthersdorf von 1842 vom Vorwerk aus gesehen – mit der Orangerie von 1862 (rechts) und dem 2021 wiedererrichtetem Warmhaus.

Klasycystyczna fasada pałacu w Zatoniu (Günthersdorf) z 1842 roku widziana od strony folwarku – z oranżerią z 1862 roku (po prawej) i odtworzoną w roku 2021 dawną cieplarnią.

schen Außenministers Charles-Maurice de Talleyrand-Périgord (1754–1838), den die selbstbewusste Dorothea jedoch weitaus spannender fand als ihren Gatten. Als nunmehrige Gräfin Périgord war sie Mitglied des französischen Hochadels und Palastdame von Marie-Louise, der Gattin von Napoleon. Nach dessen Ende wurde Dorothea Begleiterin, Ratgeberin und Vertraute des nach wie vor allmächtigen Außenministers Talleyrand, der nun auch offiziell alles mit seiner »Egeria« Dorothea teilte, die als Hausherrin in dessen Schloss im Loire-Tal zog. Der berühmteste Diplomat der Weltgeschichte dirigierte zusammen mit Dorothea und deren ebenso einflussreichen Schwestern Wilhelmine (1781–1839), Geliebte von Österreichs Kanzler, und Pauline (1782–1845), Vertraute von Englands Gesandten, den Wiener Kongress. Hier wurde von den Mächtigen Europas eine neue Weltordnung geschaffen – die kurländischen Schwestern bereiteten diese machtbewusst vor; Dorothea wurde Ziel ehrfürchtiger Bewunderung und beißender Häme gleichermaßen.

Ab 1817 titularische Herzogin von Dino und 1828 Eigentümerin des Schlosses Rochecotte wurde Dorothea in Frankreich zur Verkörperung der »grand dame«, aber auch »femme fatale«, denn sie war erfüllt von libidinöser Romantik für mächtige kluge Männer, ständischer Distinktion sowie zugleich der konstitutionellen Monarchie gegenüber aufgeschlossen. Ihr Salon galt als Zentrum der liberalen Opposition. Dorothea mitbegründete die Zeitung »Le National«, die augenblicklich eine publizistische Macht darstellte und sich für die Volkssouveränität und die Regentschaft des Bürgerkönigs Louis-Philippe einsetzte. Dieser entsandte den greisen Talleyrand und die glamouröse Dorothea als ambassadrice en titre 1830 nach London, wo es über sie hieß: »Was Dino angeht, so sah ich, abgesehen von ihrer Lasterhaftigkeit, niemals jemand eindrucksvolleren oder imponierenderen. Das Strahlen ihrer Augen ist unvergleichlich, ihr Gesicht von außerordentlicher Schönheit, ihre Gestalt ganz und gar jugendlich, obwohl sie einen verheirateten Sohn hat. Ihre Manieren

DER ABEND WAR HERRLICH.
ICH VERBRACHTE IHN AUF MEINEM BALKON,
VON BLUMEN UMGEBEN,
ICH HABE GELESEN UND GETRÄUMT.

HERZOGIN DOROTHEA VON DINO
ÜBER GÜNTHERSDORF, 1843

żu z bratankiem francuskiego ministra spraw zagranicznych Charles-Mauricem de Talleyrand-Périgord (1754–1838), którego asertywna Dorota uważała jednak za o wiele ciekawszego od własnego małżonka. Jako hrabina Périgord należała do francuskiej arystokracji i była damą dworu małżonki Napoleona, Marii Luizy. Po upadku Napoleona Dorota stała się towarzyszką, doradczynią i zaufaną nadal wszechmocnego ministra Talleyranda, który teraz już oficjalnie dzielił wszystko ze swoją „Egerią" – Dorotą, która wprowadziła się jako pani domu do jego pałacu w dolinie Loary. Ten najsłynniejszy dyplomata w światowej historii „dyrygował" Kongresem Wiedeńskim wraz Dorotą i jej równie wpływowymi siostrami, Wilhelminą (1781–1839), kochanką austriackiego kanclerza, i Pauliną (1782–1845), zaufaną angielskiego delegata na Kongres. To tu mocarstwa europejskie tworzyły nowy porządek świata – a kurlandzkie siostry przygotowywały go świadome swoich wpływów. Dorota stała się celem uniżonego podziwu i w równym stopniu uszczypliwej złośliwości.

Jako od roku 1817 tytularna księżna Dino i od 1828 roku właścicielka pałacu Rochecotte Dorota stała się we Francji ucieleśnieniem „grand dame", ale również „femme fatale", ponieważ emanowała godną swojego stanu dystynkcją i romantycznym libidem popychającym ją ku potężnym, mądrym mężczyznom, a jednocześnie była otwarta na monarchię konstytucyjną. Jej salon uchodził za ośrodek liberalnej opozycji. Dorota była współzałożycielką gazety „Le National", która w pewnym okresie stanowiła publicystyczną potęgę i angażowała się na rzecz suwerenności ludu i sprawowania władzy przez króla Francuzów Ludwika Filipa. Ten delegował sędziwego już Talleyranda i czarującą Dorotę jako ambassadrice en titre w 1830 roku do Londynu, gdzie mówiło się o niej: „Co się tyczy Dino, to, abstrahując od jej nieprzyzwoitości, nigdy nie widziałem nikogo bar-

sind die natürlichsten, die ich je bei einer Französin erlebt habe, und ebenso vollendet wie ihre Kleidung« (Thomas Creevy, 1831).

Im Zenit ihrer europäischen Bedeutung gab die Herzogin Fürst Adam Czartoryski Asyl und nahm maßgeblich Einfluss auf Frankreichs Politik zu Beginn der Julimonarchie. Gleichzeitig wurde sie von der Demokratin und Republikanerin George Sand neidisch verspottet und nach Talleyrands Tod, 1838, gar dämonisiert. Honoré de Balzac kritisierte die Herzogin wegen ihrer Amoralität und meinte die Anpassungsfähigkeit des Adels in der Zeit des vordemokratischen Umbruchs. In Deutschland diskreditierte der erste proletarische Dichter, Georg Weerth, die Herzogin wegen ihrer Leidenschaft für den bedeutend jüngeren liberalen Politiker Fürst Felix von Lichnowsky (1814–1848), was belegt, dass die legendenumwobene Persönlichkeit der Herzogin auch in Preußen stetig beobachtet worden war.

Diesem Knäuel von Klatsch und Fakten und dem vorrevolutionären Weltengetümmel entfliehend, zog es die Weltgestalt Dorothea von Dino, die eine der reichsten Frauen Europas war, auf die familiären Besitzungen in Niederschlesien. Nahe der väterlichen Residenz im Herzogtum Sagan, das damals Dorotheas Schwester Pauline besaß, fand sie im »weltentrückten Winkel«, wie sie Günthersdorf nannte, »eine sichere Zuflucht bei all den Erschütterungen, von denen Westeuropa ständig mehr oder weniger bedroht ist« (Juni 1840).

Besonders der Park um das barocke Schloss hatte es der Herzogin angetan, so lobte sie den »bildschönen Ausblick auf den Garten, der reichlich bepflanzt ist und ausgezeichnet gehalten wird. Er ist an verschiedenen Blumenarten sehr reich, unter denen auch seltene sind. Geschickt geht der Garten in die Wiese über, an deren Ende sich ein reizvolles Gehölz befindet. Der den Garten durchströmende Bach verleiht dem Haine Frische« (13. Juni 1840). Während der Aufenthalte widmete sie sich nun dessen Umgestaltung und ließ bis

WIECZÓR BYŁ UROCZY.
SPĘDZIŁAM GO NA BALKONIE,
W OTOCZENIU KWIATÓW,
CZYTAŁAM I MARZYŁAM.
KSIĘŻNA DOROTA VON DINO O ZATONIU
(GÜNTHERSDORF), 1843

dziej olśniewającego i imponującego. Błysk w jej oczach jest niesamowity, jej twarz nadzwyczajnej urody, jej figura zupełnie młodzieńcza, chociaż ma już żonatego syna. Jej maniery są najbardziej naturalne z tych, które kiedykolwiek zaobserwowałem u jakiejkolwiek Francuzki, i tak dobrze dobrane, jak jej ubiór" (Thomas Creevy, 1831).

U szczytu swojego europejskiego znaczenia księżna dała azyl księciu Adamowi Czartoryskiemu i wywierała znaczący wpływ na politykę Francji na początku monarchii lipcowej. Jednocześnie była przez demokratkę i republikankę George Sand zawistnie wyszydzana, a po śmierci Talleyranda w 1838 roku wręcz demonizowana. Honoré de Balzac krytykował księżną za jej niemoralność, mając na myśli umiejętność dopasowania się arystokracji w okresie przeddemokratycznego przełomu. W Niemczech pierwszy proletariacki poeta, Georg Weerth, zdyskredytował księżną z powodu jej namiętności w stosunku do znacznie młodszego liberalnego polityka, księciu Feliksa von Lichnowskiego (1814–1848), co dowodzi, że legendarna osobowość księżnej także w Prusach była stale obserwowana.

Uciekając przed gąszczem przemieszanych ze sobą plotek i faktów oraz przed nastrojami przedrewolucyjnymi, kosmopolityczna księżna Dino, która do tego była jeszcze jedną z najbogatszych kobiet w Europie, skrywała się w rodzinnych posiadłościach na Dolnym Śląsku. Blisko ojcowskiej rezydencji w Żaganiu, którą wówczas posiadała siostra Doroty, Paulina, znalazła w tym „oderwanym od świata zakątku", jak nazywała Zatonie, „bezpieczne schronienie przed tymi wszystkimi zamieszkami, którymi Europa Zachodnia jest mniej lub bardziej zagrożona." (czerwiec 1840 roku).

Księżnej podobał się szczególnie park wokół barokowego pałacu, stąd też chwaliła „widok jak z obrazka na ogród, który jest bogaty w rośliny i doskonale utrzymany. Rośnie tu bardzo

1844 den Park nach Osten auf 52 Hektar erweitern und die Niederung des Flüsschens mit einer Anhöhe samt Grotte verbinden, worauf der Rosentempel steht und einen weiten Blick zum Schloss bietet.

Vom Goldenen Tor mit Lanzenspitzen führte von Süden eine Allee zu Vorwerk und Schlossportikus, der reich mit Blumenbeeten und Kübelpflanzen umsäumt war. Rechts neben dem Hauptbau wurde ein gläsernes Warm- und Kalthaus errichtet. Auf der Gartenseite verschönerten reiche Blumenbeete und blühende Sträucher den Park. Eine Brücke überquerte den Bach zur Maria-Insel. Hier und anderswo bezeichneten Findlinge die Orte im Park, die an Personen

wiele różnych gatunków kwiatów, wśród nich wiele rzadkich. Ogród niepostrzeżenie przechodzi w łąkę, na której końcu znajduje się uroczy lasek. Przepływający przez ogród potok nadaje temu zagajnikowi świeżości" (13 czerwca 1840 roku). Podczas pobytów w Zatoniu księżna poświęcała się przekształceniom w parku, tak że do roku 1844 został on powiększony w kierunku wschodnim, osiągając powierzchnię 52 hektarów. Obniżony teren nad potokiem został połączony ze wzniesieniem z grotą, na którym znajduje się świątynia różana i skąd rozpościera się daleki widok na park.

aus Dorotheas bewegtem Leben erinnerten, wie Wilhelms-Eiche, Alvina-Brücke, Johannen-Wiese und Talleyrand-Eiche.

In Gegensatz zum Mythos, der in Preußen allmächtige Parkgestalter Peter Joseph Lenné hätte den Park der Herzogin angelegt, ist der Besuch des seit Kindertagen mit Dorothea befreundeten Friedrich Wilhelms IV. im September 1841 in Günthersdorf belegt. Auf Geheiß der Hausherrin sollten »Girlanden, Pyramiden, Festons und Bogen, die aus Dahlien und verschiedenen Farben bestehen, den ganzen Weg, den der König entlanggehen wird, schmücken«. Vermutlich zusammen mit dem architekturbegeisterten König entstand die Idee, das riesige Satteldach des Hauses abzutragen und durch eine flache Terrasse zu ersetzen, was die Herzogin an Schloss Rochecotte erinnerte. Die bis heute erhaltene Marmortafel am Schloss dokumentiert, dass Dorothea hierfür ein Stockwerk aufsetzen, das Haus durch Anbauten erweitern »und in der äusseren Form durch Balcons, Wappen, Schilde und andere Verzierungen verschönern« ließ.

In den Sommern 1852, 1853, 1857, 1860, 1861 war das so klassizistisch gewandelte Schloss Dorotheas »Stille und Ruhe«, während sie den Winter lieber fernab der preußischen Kälte in Frankreich als »Zugvogel« verbrachte. Günthersdorf nannte die Herzogin ihr »Jagdhaus«; sie genoss, wenn die Familie zu Besuch kam, korrespondierte von hier nach Paris, London, Berlin und St. Petersburg, und kommentierte den Weltengang.

In Niederschlesien war die Herzogin hoch angesehen, denn sie reorganisierte erfolgreich ihre Güter und kümmerte sich um zahlreiche karitative Einrichtungen. Der Sekretär des Königs würdigte die inzwischen 47-jährige Herrin von Günthersdorf: »Keine Frau unserer Zeit hat einen ähnlichen Ruf von Weltklugheit und politischer Einsicht, von Kenntniß der Personen und Zustände verschiedenster Länder und verschiedenster Sphären, von Gewandtheit und geselliger Anmuth und Liebenswürdigkeit erlangt« (Alfred von Reumont, 1885). Auch der Gelehrte Alexander von Humboldt, der ebenso wie Honoré de Balzac in Günthersdorf gewesen sein soll, schwärmte: »Es ist ihre Freundschaft, Madame, die eine wohltuende und milde

Od Złotej Bramy z grotami lanc po południowej stronie wiodła aleja w kierunku folwarku i portyku pałacowego, który otoczony był bogatymi klombami i roślinami doniczkowymi. Na prawo od budynku głównego wzniesiono oranżerię z częścią ogrzewaną i chłodną. Od strony ogrodu park upiększały bogate klomby kwiatowe i kwitnące krzewy. Do Wyspy Marii prowadził mostek nad potokiem. W tym oraz w innych miejscach w parku umieszczono głazy narzutowe z nazwami upamiętniającymi osoby z otoczenia Doroty. Do tych miejsc należały Dąb Wilhelma, Most Alviny, Łąka Joanny i Dąb Talleyranda.

W przeciwieństwie do niepotwierdzonego mitu, według którego park księżnej założył wielki pruski twórca parków Peter Joseph Lenné, udokumentowana jest wizyta zaprzyjaźnionego od dzieciństwa z Dorotą Fryderyka Wilhelma IV w Zatoniu we wrześniu 1841 roku. Z nakazu pani domu miały „girlandy, piramidy, festony i łuki składające się z różnokolorowych dalii, zdobić całą drogę, którą kroczył król". Prawdopodobnie wspólnie z oczarowanym architekturą królem powstał pomysł, by rozebrać potężny dach dwuspadowy na budynku i zastąpić go płaskim, co księżnej przypominało pałac Rochecotte. Zachowana do dziś marmurowa tablica na pałacu dokumentuje fakt, że Dorota poleciła nadbudować piętro, powiększyć budynek o przybudówki „i w zewnętrznej formie balkonami, herbami, tarczami i innymi elementami upiększyć".

W okresie letnim w latach 1852, 1853, 1857, 1860, 1861 zmieniony i przebudowany w stylu klasycystycznym pałac był dla Doroty „miejscem ciszy i spokoju", podczas gdy zimy wolała spędzać z dala od pruskiego zimna, we Francji jak „ptak wędrowny". Zatonie księżna nazywała swoim „domkiem myśliwskim"; lubiła, gdy przyjeżdżała rodzina z wizytą, prowadziła stąd korespondencję z Paryżem, Londynem, Berlinem i St. Petersburgiem, i komentowała wydarzenia na świecie.

Na Dolnym Śląsku księżna była bardzo poważana, gdyż z sukcesem zreorganizowała swoje dobra i troszczyła się o liczne

Wärme über mein Alter ausbreitet und das Ende meiner Laufbahn verschönert. Dieses Gefühl wird von Tag zu Tag lebhafter und in meinen Erinnerungen verblaßt der Chimborazo und sinkt herab angesichts der moralischen und geistigen Genüsse, die ich Ihnen, Madame, schulde« (23. Juli 1847). Voll Zufriedenheit über das stille Niederschlesien fernab von Weltengetümmel und den aufkommenden bürgerlichen Revolutionen betonte die Herzogin in Günthersdorf: »Es ist zwar ein echtes Landleben hier, dennoch bereue ich es gar nicht.«

Nach Dorotheas Tod, 1862, baute ihr zweiter Sohn, Alexandre Edmond Talleyrand-Périgord (1813–1894), die Anlage seiner Mutter weiter aus; so ließ er ab 1862 eine neue klassizistische Orangerie errichten und brachte Skulpturen in den Park. Der nunmehrige Herzog ließ den Alexanderhof nördlich des Parks bauen und richtete die Hochzeit seines Sohnes in Günthersdorf aus, bevor er 1879 nach Florenz zog und die Herrschaft zusammen mit Deutsch-Wartenberg an den ehemaligen preußischen Staats- und Landwirtschaftsminister Karl-Rudolf Friedenthal (1827–1890) verkaufte. Dieser vergrößerte den Park nochmals, schuf eine Mustergutlandschaft und hinterließ seine Initialen auf dem Giebel des Schlosses und den Springbrunnen davor. Seine Tochter und Erbin, Renata (1865–1945), war mit dem Diplomaten Oskar von der Lancken-Wakenitz verheiratet, der 1908 an der Seite Wilbur Wrights als erster Deutscher überhaupt in einem Flugzeug flog und damit im stillen Günthersdorf garantiert für Gesprächsstoff sorgte.

Nach dem Zweiten Weltkrieg, das Schloss war bis auf die Mauern ausgebrannt, lag der Ort wieder an einer Grenze, diesmal derjenigen Polens zur DDR. Das nun polnische Zatonie vergaß Schloss und Park, die wieder in Bedeutungslosigkeit und für 70 Jahre in Ver-

placówki charytatywne. Sekretarz króla docenił 47-letnią wówczas panią na Zatoniu tymi słowami: „Żadna kobieta naszych czasów nie słynie z podobnej życiowej mądrości i politycznej rozwagi, ze znajomości osób i faktów dotyczących najróżniejszych krajów i najróżniejszych sfer, z elokwencji i towarzyskiego wdzięku oraz z uprzejmości" (Alfred von Reumont, 1885). Również uczony Alexander von Humboldt, który podobnie jak Honoré de Balzac miał odwiedzić Zatonie, zachwycał się nią: „Przyjaźń z Panią, Madame, rozściela nad moją sędziwą głową kojące, łagodne ciepło, upiększając kres mojego losu. To uczucie staje się z dnia na dzień coraz żywsze, w moich wspomnieniach blednie Chimborazo i niewiele znaczy wobec moralnych i duchowych rozkoszy, które Pani, Madame, zawdzięczam" (23 lipca 1847 roku). Pełna zadowolenia ze spokojnego Dolnego Śląska, z dala od światowej zawieruchy i nadchodzących rewolucji, księżna podkreślała, że w Zatoniu: „panuje prawdziwe wiejskie życie, mimo to wcale tego nie żałuję."

Po śmierci Doroty w 1862 roku jej drugi syn, Alexandre Edmond Talleyrand-Périgord (1813–1894), rozbudował posiadłość swojej matki. W 1862 roku polecił wznieść nową klasycystyczną oranżerię i wprowadził rzeźby do parku. Świeżo upieczony książę polecił na północ od parku zbudować „Folwark Alexandra" i wyprawił w Zatoniu wesele swojego syna, zanim w 1879 roku przeniósł się do Florencji i sprzedał majątek wraz z Otyniem byłemu pruskiemu ministrowi stanu i rolnictwa Karlowi-Rudolfowi Friedenthalowi (1827–1890). Ten jeszcze bardziej powiększył park, stworzył tu wzorcowe gospodarstwo rolne i pozostawił swoje inicjały w kartuszu herbowym na pałacu i fontannie przed

gessenheit fielen. Über die Jahrzehnte weiter zerstört, verwildert, teilweise Naturschutzgebiet und Wald geworden, begannen erst 2015 umfangreiche Aufräumarbeiten und die Wiederentdeckung der großen Geschichte um die Herzogin. Unter der Ägide des Heimatvereins und von Jarosław Skorulski wurden die Schlossruine gesichert und bis 2021 die Orangerie restauriert.

Wie nach einer Metamorphose erscheinen deshalb heute Schloss, Park und Dorf, das nun Stadtteil von Zielona Góra ist. Bei Spaziergängen lassen sich unter den Baumgiganten, an den bunten Blumenrabatten und wiederhergestellten Springbrunnen wieder einstiger Glanz und europäische Vernetzung dieses »weltentrückten Winkels« erahnen. Und wenn es abends still wird im Herzoglichen Park, schwingt ein Hauch der Weltgeschichte über die beleuchteten Mauern des Schlosses – und fast meint man, die in Günthersdorf (Zatonie) auf ein großes Leben zurückblickende Dorothea zu hören: »Der Abend war herrlich. Ich verbrachte ihn auf meinem Balkon, von Blumen umgeben, ich habe gelesen und geträumt« (10. August 1843).

Herzogin Dorothea von Sagan in der Büste von Bernhard Afinger (1854) aus dem Arbeitszimmer König Friedrich Wilhelms IV. im Schloss Charlottenburg.

Popiersie księżnej Doroty Żagańskiej autorstwa Bernharda Afingera (1854) z gabinetu króla Fryderyka Wilhelma IV w Pałacu Charlottenburg.

pałacem. Jego córka i spadkobierczyni, Renata (1865–1945), wyszła za mąż za dyplomatę Oskara von der Lancken-Wakenitz, który w 1908 roku u boku Wilbura Wrighta jako pierwszy Niemiec odbył lot samolotem, co z pewnością było przedmiotem rozmów w spokojnym Zatoniu.

Po II wojnie światowej pałac spłonął doszczętnie, a miejscowość znów leżała blisko granicy, tym razem pomiędzy NRD i Polską. Zatonie zapomniało o pałacu i parku, które straciły na znaczeniu i popadały w ruinę. Przez kolejne dziesięciolecia ruiny pałacu niszczały, a zdziczały park był po części obszarem chronionej przyrody, po części lasem. Dopiero w 2015 roku rozpoczęły się szeroko zakrojone prace porządkowe i odkrywanie wielkiej historii związanej z księżną. Pod egidą miejscowego stowarzyszenia i Jarosława Skorulskiego zabezpieczono ruinę pałacu i w roku 2021 ukończono prace restauratorskie w oranżerii.

Pałac, park i wieś przeszły metamorfozę i są dziś dzielnicą miasta Zielonej Góry. Podczas spacerów wśród potężnych drzew, kolorowych rabat kwiatowych i odtworzonych fontann można poczuć ponownie dawny blask i europejskie powiązania tego „oderwanego od świata zakątka". A gdy wieczorem zapada cisza w Parku Książęcym, nad oświetlonymi murami pałacu unosi się powiew światowej historii i ma się wrażenie, ze słychać w Zatoniu (Günthersdorf) zerkającą na wielki świat Dorotę: „Wieczór był uroczy. Spędziłam go na balkonie, w otoczeniu kwiatów, czytałam i marzyłam" (10 sierpnia 1843 roku).

Gartenfassade des Schlosses mit Orangerie,
Schornstein und Warmhaus und dem Park
nach Osten. Einst gab es hier zahlreiche
Schmuckbeete und blühende Sträucher.

*Strona ogrodowa pałacu z oranżerią,
kominem i cieplarnią oraz parkiem w kierunku
wschodnim. Dawniej było tu wiele ozdobnych
klombów i kwitnących krzewów.*

Blick in die seit 1945 ausgebrannte und bis 2021 gesicherte Ruine des Schlosses Günthersdorf / Zatonie.

Widok na spalone w 1945 i zabezpieczone w 2021 roku ruiny pałacu w Zatoniu.

Schlossvorplatz mit dem Brunnen, den Karl-Rudolf Friedenthal anlegen ließ und der Orangerie, die Alexandre Edmond Talleyrand-Périgord beauftragte.

Plac przed pałacem z fontanną, którą polecił założyć Karl-Rudolf Friedenthal oraz oranżerią, której budowę zlecił Alexandre Edmond Talleyrand-Périgord.

Blick über die Johannen-Wiese, benannt nach Dorotheas Schwester, Herzogin Johanna von Acerenza, in den Park mit seinem alten Baumbestand.

Widok na Łąkę Joanny, nazwanej tak na cześć siostry Doroty, księżnej Johanny von Acerenza, oraz na park ze starodrzewem.

Plastik des Kalydonischen Ebers aus Florenz an einem Teich im Südwesten des Parks.

Rzeźba dzika kalidońskiego z Florencji nad stawem w południowo-zachodniej części parku.

Gartenfassade des Schlosses über den Kreuzbach, der ab 1840 zu einem kleinen See aufgestaut wurde.

Fasada pałacu od strony ogrodowej z Dłubnią – potokiem, który po roku 1840 został spiętrzony tworząc mały staw.

Rosentempel auf der Anhöhe mit einer Grotte ganz im Osten des Parks und mit weiten Blickbeziehungen zum Schloss und in die Landschaft.

Świątynia Różana na wzniesieniu z grotą w skrajnej wschodniej części parku. Stąd rozciąga się widok na pałac i okolicę.

Clum von Bäumen auf der großen Wiese, der Johannen-Wiese. Hier steht bis heute auch die Talleyrand-Eiche, benannt nach dem berühmtesten Außenministers Frankreichs.

Klomb kwiatowy na dużej łące – Łące Joanny. Do dziś rośnie tu Dąb Talleyranda, nazwany tak na cześć najsłynniejszego ministra spraw zagranicznych Francji.

Seen im westlichen Park mit der
Maria-Insel und den Brücken, die
bis 2021 wiederhergestellt wurden.

*Jeziorka w zachodniej części parku z Wyspą
Marii i mostkami, które zostały odtworzone
w 2021 roku.*

Hauptfassade mit dem Portikus, den Herzogin Dorothea anbauen ließ. Oben das Wappen des ab 1879 neuen Eigentümers von Günthersdorf, Minister Friedenthal.

Główna fasada z portykiem, który poleciła wykonać księżna Dorota. U góry herb ministra Friedenthala, od 1879 roku nowego właściciela Zatonia.

Springbrunnen mit der Plastik *Knabe mit Schwan* von Theodor Kalide (1834) direkt vor dem Haupteingang der heutigen Schlossruine.

Fontanna z rzeźbą Faun z łabędziem Theodora Kalide (1834), bezpośrednio przed wejściem głównym do ruin pałacu.

125

STEFAN KÖRNER

RESIDENZ UND PARK DER HERZÖGE VON SAGAN (ŻAGAŃ)
PAŁAC I PARK KSIĄŻĄT ŻAGAŃSKICH

VON DER FAMILIENRESIDENZ ZUM BÜRGERPALAST

Es herrschte größter Luxus am Hof des neuen Herzogs am Bober: »Unser Leben in Sagan glich nahezu dem der kleinen deutschen Höfe, obwohl das Vermögen meines Vaters ihm ein glänzenderes Auftreten erlaubte, das man vergebens bei den regierenden Fürsten gesucht hätte und vielleicht selbst bei bedeutenderen Souveränen«, schrieb dessen Tochter. Ab 1786 war die 7.000-Einwohnerstadt Ersatzresidenz des 1795 entmachteten Herzogs von Kurland, Peter von Biron (1724–1800), der für 1 Million Gulden seinen Titel, ein Lehens-Fürstentum mit zahlreichen Sonderrechten, 27 Rittergüter und ca. 24.000 Hektar in Niederschlesien gekauft hatte. Hier residierte der geschasste, aber nicht minder vermögende Herzog mit seinen Töchtern bis 1800 zumeist im Winter. Jagden und Feste, Theater- und Opernaufführungen versüßten das Leben im Residenzschloss, das die Dichterin Elisa von der Recke, die Schwägerin des Herzogs, beschrieb: »Das Schloss ist alt und finster, die Gegend flach und sandig: nur der Park und der Bober verminderten den unangenehmen Eindruck« (1790).

Der Ursprungsbau war Zentrum des Herzogtums, das nach den Piasten und Wettinern seit 1549 unter der Lehensherrschaft der böhmischen Krone stand. Vom Kaiser belehnt, hatte der berühmte Feldherr Albrecht von Waldstein (1583–1634), bekannt als Wallenstein, als Herzog von Sagan von italienischen Architekten hochfliegende Pläne für eine Residenz zwischen Boberschleife und Stadt entwerfen lassen, die erst unter den 1646 nachfolgenden Fürsten Lobkowitz verwirklicht wurden. Es entstand eine wirklich riesige,

OD REZYDENCJI RODOWEJ DO MIEJSKIEGO PAŁACU

Na dworze nowego księcia nad Bobrem panował wielki luksus: „Nasze życie w Żaganiu równe było niemalże temu na małych dworach niemieckich, choć majątek mojego ojca pozwalał na wspanialszą egzystencję, jakiej próżno by szukać u rządzących książąt, a być może i u znamienitszych suwerenów", pisała jego córka. Od roku 1786 siedmiotysięczne miasto było rezydencją zastępczą pozbawionego w 1795 władzy księcia kurlandzkiego Piotra von Birona (1724–1800), który zakupił za 1 milion guldenów swój tytuł, księstwo lenne z licznymi prawami specjalnymi, 27 majątków rycerskich i ok. 24.000 hektarów ziemi na Dolnym Śląsku. Tu rezydował wypędzony, ale nie zbiedniały książę ze swoimi córkami do roku 1800, zazwyczaj w zimie. Polowania i festyny, przedstawienia teatralne i operowe osładzały mu życie w pałacu rezydencjonalnym, który poetka Elisa von der Recke, szwagierka księcia, opisała następująco: „Pałac jest stary i ponury, okolica płaska i piaszczysta: tylko park i Bóbr zmniejszają nieprzyjemne wrażenia" (1790).

Pierwotna budowla była centrum księstwa, które po Piastach i Wettynach od 1549 roku znajdowało się pod panowaniem Korony czeskiej. Sławny dowódca wojsk Albrecht von Waldstein (1583–1634), znany jako Wallenstein, który nabył Żagań od cesarza jako lenno i otrzymał od niego tytuł księcia żagańskiego, zlecił włoskim architektom sporządzenie ambitnych planów swojej rezydencji między zakolem Bobru i miastem, które zostały urzeczywistnione dopiero po przejęciu księstwa przez księcia

vierflügelige Palastanlage nach Entwürfen des Baumeisters Antonio della Porta (um 1631–1702), die die Machtfülle der österreichischen Lehensnehmer repräsentierte – bis Schlesien 1741 preußisch wurde. Als eines von zwei königlich-preußischen Thronlehen genoss das Herzogtum Sagan aber auch danach reiche Privilegien, hatte eine eigene Regierung und war als »Reich im Kleinen« idealer Ersatz für das verlorene Kurland und gute Einnahmequelle der Töchter Peter von Birons, die nach dessen Tod nacheinander Herrscherinnen über den Riesenbesitz wurden.

Zunächst wurde Erbprinzessin Wilhelmine (1781–1839) Herzogin von Sagan, lebte aber lieber in Böhmen und Wien. Dort verfiel ihr Außenminister Metternich, galt ihr Salon als der kosmopolitischste und hieß es über sie und ihre ebenso einflussreichen Schwestern: das, »was sie wissen, ist unglaublich«. Sagan lag hier nicht im Focus und so berichtete 1813 der französische Besatzungsintendant des verwaisten Schlosses: »Ich glaube, ich habe die Ehre in Sagan beerdigt zu werden. Es grassiert hier ein gefährliches, seltenes Nervenfieber, das binnen weniger Monate 400 Personen dahingerafft hat.« Er überlebte, las in der Saganer Schlossbibliothek und ging später als Stendhal in die Literaturgeschichte ein.

Auch über die Herrschaft der Schwester Pauline (1782–1845) klagte 1840 die im nahen Günthersdorf lebende dritte Schwester, Dorothea: »Man empfängt mich hier mit großer Freude. Seit vier Jahren war alles in einem Zustande gänzlicher Verlassenheit, und selbst seit längerer Zeit; denn meine Schwester hat alles aus Liebe zu Italien verlassen, für ihre Besitzungen interessierte sie sich gar nicht mehr.«

Die ehrgeizige Dorothea (1793–1862), Herzogin von Talleyrand und Dino, fasste den Beschluss, die ertragreichen väterlichen Herrschaften zu erwerben und hieraus wieder die wichtigste Familienresidenz zu machen, denn »Sagan ist wirklich schön, das heißt: schön

Lobkowitza w 1646 roku. Powstał faktycznie potężny, czteroskrzydłowy pałac, zbudowany według planów architekta Antonia della Porty (ok. 1631–1702), reprezentujący potęgę austriackich wasali – do czasu gdy Śląsk w 1741 roku przypadł Prusom. Jako jedno z dwóch królewsko-pruskich lenn tronowych księstwo żagańskie cieszyło się jednak także i później szczególnymi przywilejami – miało własny rząd i jako „małe cesarstwo" było idealną rekompensatą za utraconą Kurlandię i dobrym źródłem dochodów dla córek Piotra von Birona, które po jego śmierci kolejno władały olbrzymim majątkiem.

Najpierw księżną żagańską została księżniczka dziedziczna Wilhelmina (1781–1839), która jednak wolała mieszkać w Czechach i Wiedniu. Tam uległ jej minister spraw zagranicznych Metternich, jej salon uchodził za najbardziej kosmopolityczny, a o niej i jej równie wpływowych siostrach mówiono: to, „co one wiedzą, jest niesamowite". Żagań nie leżał w centrum jej zainteresowania, a tak donosił w 1813 roku francuski zarządca osieroconego pałacu: „Chyba będzie mi dane być pochowanym w Żaganiu. Grasuje tu niebezpieczna, rzadka gorączka nerwowa, która w ciągu kilku miesięcy wysłała 400 osób na tamten świat." Autor tych słów przeżył, był bywalcem żagańskiej biblioteki pałacowej, a później wszedł do historii literatury jako Stendhal.

Na panowanie siostry Pauliny (1782–1845) narzekała w 1840 roku także trzecia żyjąca siostra, Dorota: „Przyjmują mnie tu z wielką radością. Od czterech lat wszystko tu było w stanie całkowitego zapomnienia, a nawet od dłuższego czasu; moja siostra zostawiła wszystko ze swojej miłości do Włoch, swoimi posiadłościami w ogóle się już nie interesowała."

Ambitna Dorota (1793–1862), księżna von Talleyrand i Dino, podjęła decyzję o nabyciu dochodowego ojcowskiego majątku i stworzenia tu ponownie najważniejszej rezydencji rodowej,

sind der Palast und der Park, denn die Gegend ist viel weniger reizend wie die, in welcher meine Besitzungen [Günthersdorf] liegen. Aber die Wohnräume des Schlosses sind großartig. Ich habe dort einige Gestalten aus der Zeit meines Vaters gefunden, die mich gerührt haben. Familienbilder machten mir Freude.« Nach hoher Kaufzahlung erneuerte der preußische König Friedrich Wilhelm IV. 1845 für Dorothea den Lehensvertrag und verlieh ihr den Titel der Herzogin von Sagan. Die Glanzzeit von Residenz, Parkanlage und Stadt als Familienresidenz begann.

Dorothea von Sagan konnte die Misswirtschaft auf den Gütern beenden und »ein Ganzes aus den Teilen« machen. Dies umfasste nach ihrer Auffassung nicht nur die Ausübung der Patrimonialgerichtsbarkeit, der gutsherrlichen Polizeigewalt, des Kirchenpatronats, Stimme im schlesischen Provinziallandtag und der Herrenkurie im Vereinigten Landtag, sondern auch die Gestaltung von Palast und Parkanlagen für die Familie. Hierfür bettete sie 1841 zunächst den Leichnam ihrer Schwester Wilhelmine in die gotische Kreuzkirche um, eine »am Ende des Saganer Parks malerisch gelegene Kirche«, wie Dorothea schrieb, und baute zu Ehren des Vaters ein Mausoleum für die protestantischen Mitglieder der Familie im Turm der Dreifaltigkeitskirche.

Nach dieser Neuordnung des Familiengedenkens ging es für die eifrige Herzogin ans Schloss. Bereits ab Sommer 1845 ließ sie das Gelände vor dem Nordflügel nivellieren, im Westen entstand eine neue Brücke, im Süden wurde der niedrigere Flügel zum Park hin abgerissen. Im Inneren wurden die Repräsentationsräume neu ausgestattet und Teile der Kunstsammlungen der Talleyrand aus Frankreich überführt, darunter Gemälde von Brueghel, Velasquez, Rubens, Lorrain und Skulpturen von Tenerani und Rauch. Auch ihre bedeutende Sammlung von Autographen, eine deutsche und eine französische Bibliothek zogen ins Schloss. Bereits nach zwei Jahren hieß es: »Die Herzogin hat das alte, schöne, von Wallenstein erbaute Schloß

CAŁĄ SWOJĄ UWAGĘ SKUPIAŁA SZCZEGÓLNIE NA SZTUCE ARCHITEKTURY I OGRODNICTWA, I JAKO ZAPALONA MECENASKA TEJ OSTATNIEJ MUSI ZNALEŹĆ W ANNAŁACH HISTORII HONOROWE MIEJSCE.
OSKAR TEICHERT O KSIĘŻNEJ DOROCIE ŻAGAŃSKIEJ, 1858

poneważ „Żagań jest naprawdę piękny, to znaczy: piękny jest pałac i park, bo okolica jest mniej urokliwa, niż ta, w której leżą moje włości [Günthersdorf/Zatonie]. Ale pałacowe pokoje są wyborne. Znalazłam tam kilka postaci z okresu mojego ojca, które mnie wzruszyły. Obrazy rodzinne sprawiają mi radość." Po zapłaceniu wysokiej ceny pruski król Fryderyk Wilhelm IV odnowił dla Doroty umowę lenną w 1845 roku i nadał jej tytuł księżnej żagańskiej. Rozpoczął się okres rozkwitu rezydencji, parku i miasta jako siedziby rodowej.

Dorocie żagańskiej udało się zakończyć okres niegospodarności i stworzyć „z wielu części całość". Obejmowało to jej zdaniem nie tylko sprawowanie jurysdykcji patrymonialnej, władzy policyjnej, patronatu kościelnego, głos w śląskim sejmie prowincjonalnym i w kurii panów Zjednoczonego Landtagu, lecz także urządzanie pałacu i parku dla rodziny. W tym celu poleciła w 1841 roku przenieść ciało swojej siostry Wilhelminy do gotyckiego kościoła św. Krzyża, „kościoła malowniczo położonego na końcu parku żagańskiego", jak pisała Dorota, i wybudowała ku czci ojca mauzoleum dla protestanckich członków rodziny w wieży kościoła św. Trójcy.

Po uregulowaniu kwestii pamięci o rodzinie pracowita księżna wzięła się za pałac. Już latem 1845 roku poleciła zniwelować teren przed skrzydłem północnym, po stronie zachodniej powstał nowy most, po południowej rozebrano niższe, skierowane na park skrzydło pałacu. Pomieszczenia reprezentacyjne we wnętrzach pałacu zyskały nowe wyposażenie, sprowadzono z Francji część kolekcji sztuki Talleyrandów, w tym obrazy Bruegla, Velasqueza, Rubensa, Lorraina i rzeźby Teneraniego i Raucha. Również cenna kolekcja autografów oraz biblioteka niemiecka i francuska zostały sprowadzone do pałacu. Już po dwóch latach można było przeczytać: „Księżna pięknie urządziła

sehr großartig eingerichtet und lebt dort wie eine souveräne Herrschaft, hält Cercle, erteilt Audienzen und s. w., worüber viele lächeln und diese kleinliche Anmaßung von einer so klugen Frau unbegreiflich finden« (Peter v. Meyendorf, 1846). Die Kritik richtete sich gegen die alternde Herzogin, die bei all ihrem Eintreten für politischen Fortschritt zur Konstitution immer auch die eigenen ade-

stary, piękny, zbudowany przez Wallensteina pałac i żyje tam jak suwerenna władczyni, utrzymuje krąg znajomości, przyjmuje audiencje itd., z czego wielu się śmieje i uważa tę małostkowość u tak mądrej pani za niepojętą" (Peter v. Meyendorf, 1846). Krytyka zwróciła się przeciwko starzejącej się księżnej, która przy całym jej zaangażowaniu w polityczny postęp i konstytucję

Stadtfassade des herzoglichen Residenzschlosses von Sagan, Provinz Schlesien, aus dem Ansichtenwerk von Alexander Duncker um 1850.

Fasada Pałacu Książęcego od strony miasta, ze zbiorów widokówek Alexandra Dunckera ok. 1850.

ligen Rechte konserviert hatte. Hierzu trug die politische Sonderstellung ihres Herzogtums bei, die erst 1849 durch die erste preußische Verfassung beseitigt wurde.

In dieser Zeit der gesellschaftlichen Umbrüche durch die bürgerlichen Revolutionen begann die Herzogin mit Nachdruck, ihren 230 Hektar großen Park an der Boberschleife umzugestalten, wobei sie 150 Gärtner und zahlreiche Arbeitslose als »Armen-Gnadensache« unterstützten. Inspirationen kamen von der Reise in den Muskauer Park, wo sie 1843 zusammen mit Felix von Lichnowsky das Gartenfürstenpaar besuchte. Pückler, der Dorothea »seine Dienste als Gärtner angeboten« hatte, war begeistert von deren Elan bei der Umgestaltung von Sagan, als er mit der Herzogin dort 1844 »parkisirt[e]«: »Geht es so fort wie jetzt, so wird Sagan in 5 Jahren nicht nur magnifik sondern auch wirklich sehr schön werden, mehr jedoch im grandiosen als im romantisch pittoresken Styl, was sich wiederum auch sehr gut zu der ganzen Natur der Herzogin paßt«, schrieb Pückler am 19. August des Jahres.

Ab 1847 wurde in diesem Sinne dem Schlosshof eine große Rampe angesetzt, um – wie in Muskau – in zwei großen Schwüngen Schloss mit Park, Fluss und Landschaft zu verbinden. Unter Hofgärtner Friedrich Teichert (1804–1866) schlug man von hieraus über das gesamte Terrain zur Petershöhe eine Schneise in die Aue der Bober (Mittelpark); ein Totarm des Flusses wurde zugeschüttet, der Karpfenteich ausgegraben und mit der Königsbrücke der gegenüberliegende Oberpark angeschlossen. Umfangreiche Zukäufe von Bürgergärten vergrößerten die Anlagen nach Osten. Hier entstanden ab 1848 Gewächshäuser, das Angelhaus und unzählige Blumenbeete. Dieses »zauberische Reich der Blumen« (Oskar Teichert, 1858) war eine ausschweifende Leidenschaft der Herzogin, wurde Saganer Alleinstellungsmerkmal und fand im üppigen Arrangement der legendären Blumeneiche, aus deren Armen überall Blumen hervorquollen, auf dem Platz der Dorotheen-Ruhe seinen Höhepunkt. Es wurde aber auch wegen der Tendenz zur Überdekoration als Blumen-Park belächelt.

utrwalała zawsze własne arystokratyczne prawa. Przyczyniał się do tego także specjalny status polityczny jej księstwa, które zostało zlikwidowane dopiero w roku 1849 na mocy pierwszej pruskiej konstytucji.

W tym okresie społecznego przełomu wywołanego ludowymi zrywami rewolucyjnymi księżna z animuszem rozpoczęła przekształcanie swojego 230-hektarowego parku nad zakolem Bobru, przy czym wspierało ją 150 ogrodników i liczni bezrobotni w ramach „łaski dla biedoty". Inspiracją była podróż do Parku Mużakowskiego, w którym Dorota odwiedziła parę książęcą w 1843 roku razem z Felixem von Lichnowskim. Pückler, który zaoferował Dorocie „swoje usługi jako ogrodnik", był zachwycony rozmachem, z jakim przekształcano park żagański, gdy razem z księżną przechadzał się po nim w 1844 roku: „Jeśli dalej będzie tak szło jak teraz, Żagań będzie za 5 lat nie tylko wspaniały, lecz stanie się także naprawdę bardzo piękny, bardziej jednak w stylu podniosłym, niż romantyczno-malowniczym, co z kolei bardzo dobrze pasuje do całej natury księżnej", zapisał Pückler w dniu 19 sierpnia tego roku.

W tym duchu umieszczono w 1847 roku przed dziedzińcem duży podjazd, aby – jak w Mużakowie – połączyć z dwóch stron pałac z parkiem, rzeką i krajobrazem. Za czasów nadwornego ogrodnika Friedricha Teicherta (1804–1866) wytyczono przesiekę przez łęgi Bobru stanowiącą oś widokową przez cały teren aż do Wzgórza Piotra (Park Środkowy); zasypano starorzecze, wykopano Staw Karpiowy i połączono go Mostem Królewskim z leżącym po drugiej stronie Parkiem Górnym. Dokupiono liczne ogródki mieszkańców, powiększając park w kierunku wschodnim. Po roku 1848 powstały tu oranżerie, Domek Wędkarski i liczne rabaty kwiatowe. To „urocze imperium kwiatów" (Oskar Teichert, 1858) było wybujałą namiętnością księżnej, stało się wyróżnikiem Żagania i znalazło swój punkt kulminacyjny w bogatej aranżacji legendarnego dębu kwiatowego w Zaciszu Doroty, z którego wszystkich konarów wyłaniały się kwiaty. Z powodu

Idealplan des Parks von Oskar Teichert (1858)
mit dem Schloss, dem Mittelpark und den Partien
jenseits der Boberschleife mit Petershöhe und
Oberpark, links die Anlagen um die Kreuzkirche.

*Projekt parku autorstwa Oskara Teicherta (1858)
z pałacem, Parkiem Środkowym i partiami po drugiej
stronie zakola Bobru ze Wzgórzem Piotra i Parkiem
Górnym, po lewej stronie tereny wokół kościoła
Świętego Krzyża.*

Wie schon in Günthersdorf ließ die Herzogin in Sagan zahlreiche Plätze im Park mit Namen mit biographischen Bezügen bezeichnen. Wie in Muskau und Branitz zierten Beetziegel, Blumenstellagen, Porzellan- und Tondekor, Figuren, Papageien, Glasperlenschnüre den Park in Sagan – wenn auch in absoluter Üppigkeit allerorten und damit nicht in der zonierten Steigerungsidee à la Pückler. Nach der Idee Friedrich Wilhelms IV., der ab 1851 fast jährlich in Sagan weilte, entstanden 1847 die Orangerie und prachtvolle Terrasse an der Schlossrampe. Der König würdigte das entstandene Residenzensemble von besonderer Schönheit, die größer als in Windsor sei, so Alexander von Humboldt.

Als letztes Großprojekt wurde der Park um das Gelände der Kreuzkirche erweitert. In einem neuen üppigen Garten restaurierte Hofbaurat Leonard Dost von Schatzberg (1809–1851) die gotische Kirche und entwarf das bis 1859 erbaute Dorotheen-Hospital, das die Herzogin aus patriarchalischen und humanitären Motiven stiftete. Zusammen mit anderen karitativen Bemühungen für die Bevölkerung versuchte die Herzogin, ihre Daseinsberechtigung als Landesmutter zu stärken, denn die bürgerliche Revolution erreichte auch Preußen. Als 1848 in Sagan Unruhen ausbrachen, blieb sie jedoch bei der Stadtbevölkerung, denn: »Ich habe einigen Grund zu glauben, daß ich hier sehr gern gesehen bin und daß man meinen Tod fürchtet wie das Ende der Welt.« Und wirklich, als Herzogin Dorothea 1862 starb, galt sie als Sagans Wohltäterin und war der Park »von der meilenweit herzugeströmten Volksmenge ganz erfüllt. Es mögen wohl 10.000 Menschen versammelt gewesen sein« (Kraft v. Hohenlohe-Ingelfingen, 1862).

Unter dem von Lenné noch der Herzogin empfohlenen Hofgärtner Friedrich Gireoud (1821–1896) wurde 1862 an der Ausgestaltung des Parks weitergearbeitet. An der Grunddisposition der Herzogin änderte jedoch auch ihr Nachfolger, Napoléon-Louis (1811–1898), nichts. Der in Günthersdorf und Frankreich aufgewachsene Sohn Dorotheas ließ von Moritz Gottgetreu (1813–1885), der auch in Branitz und Babelsberg arbeitete, Wasserleitungen legen; es entstanden

tendencji do nadmiernej dekoracji park żagański był jednak także wyśmiewany jako park kwiatowy.

Jak już wcześniej w Zatoniu, księżna w Żaganiu poleciła nazwać różne miejsca w parku imieniem różnych osób. Podobnie jak w Mużakowie i Branitz park w Żaganiu ozdobiony był obramowaniem rabat, stelażami na kwiaty, porcelanowymi i glinianymi dekoracjami, figurkami, papugami, szklanymi paciorkami rozsianymi po wszystkich miejscach w parku – co, biorąc pod uwagę ich absolutny nadmiar, nie spełniało warunków strefowania obszarów parkowych à la Pückler. Według pomysłu Fryderyka Wilhelma IV, który od roku 1851 prawie co roku bawił w Żaganiu, powstała w 1847 roku oranżeria i pełen przepychu taras przy podjeździe. Król docenił wybudowany zespół rezydencjonalny szczególnego piękna, mówiąc, że jest większy od Windsoru – jak czytamy u Alexandra von Humboldta.

Ostatnim wielkim projektem było poszerzenie parku o teren kościoła św. Krzyża. W nowym, bujnym ogrodzie architekt nadworny Leonard Dost von Schatzberg (1809–1851) odrestaurował gotycki kościół i zaprojektował zbudowany do 1859 roku szpital Doroty, który księżna ufundowała ze względów patriarchalnych i humanitarnych. Działalnością charytatywną na rzecz mieszkańców księżna próbowała wzmocnić swoją pozycję władczyni kraju, ponieważ rewolucja ludowa dotarła także na Prusy. Gdy w 1848 roku w Żaganiu wybuchły zamieszki, pozostała razem z mieszkańcami miasta, ponieważ: „Miałam niejeden powód by wierzyć, że jestem tu mile widziana i że boją się mojej śmierci jak końca świata." I rzeczywiście, gdy księżna Dorota zmarła w 1862 roku, uchodziła za dobrodziejkę Żagania, a park „był w całości wypełniony rzeszą przybyłych ludzi. Zebrało się jakieś 10.000 ludzi" (Kraft v. Hohenlohe-Ingelfingen, 1862).

Za czasów poleconego księżnej jeszcze przez Lennégo ogrodnika nadwornego Friedricha Gireouda (1821–1896) przeprowadzono w 1862 roku kolejne prace w parku. W ogólnej dyspozycji księżnej jej następca, Napoléon-Louis (1811–1898),

die hoch aufschießende Fontäne (1865) an der Rampenorangerie und ein Wasserfall im Oberpark.

Während Napoléon-Louis sich nach dem Sturz des Bürgerkönigs Louis-Philippe nach Berlin und Sagan zurückgezogen hatte, lebte sein Sohn, Bonson de Talleyrand-Périgord (1832–1910), meist im Pariser Hôtel de Monaco-Sagan (heute Botschaft Polens) und bis heute literarisch in Marcel Prousts »Auf der Suche nach der verlorenen Zeit« fort. Der Prince de Sagan war die sicher exzentrischste Gestalt der Belle Époque und damals in Paris der Inbegriff von Luxus. In Sagan hingegen war er selten, auch wenn er das Familienschloss aufwändig modernisieren ließ, was wiederum dazu beitrug, dass der dortige Besitz 1907 unter Zwangsverwaltung fiel. 1910 erbte sein Sohn Hélie (1859–1937) die Schulden, musste Kunstwerke verkaufen und dabei zusehen, wie die Nationalsozialisten 1935 das nunmehrige »Waldgut Sagan« als Staatsbesitz einziehen wollten; sein Sohn Howard Maurice (1909–1929) brachte sich um – er war der letzte Herzog von Sagan.

Nach einer Zeit als Lazarett und Beutelager im Zweiten Weltkrieg waren Park und Schloss 1945 verwüstet; eine Entschädigung an die Familie Talleyrand-Périgord 1948 war der Beginn einer neuen Zeit im nun zu Polen gehörenden Żagań. Das Schloss wurde ab 1962 restauriert und ab 1983 mit Stadtbibliothek, Kino und Theatersaal, Ausstellungen, Banketten, Hochzeiten und Vorträgen zum Kultur- und Wissenschaftspalast der Bürger der Stadt. Nach dem »größtem Luxus« der berühmten und europaweit vernetzten Herzogsfamilie und den gestalterischen Veränderungen der wohltätigen und deshalb bis in die Gegenwart hier hoch geachteten Dorothea herrscht damit heute im Palast und Park von Żagań »größte Vielfalt« einer an Geschichte reichen Stadtgesellschaft.

jednak nic nie zmienił. Ten wychowany w Zatoniu i Francji syn Doroty polecił Moritzowi Gottgetreu (1813–1885), który pracował również w Branitz i Babelsbergu, położenie instalacji wodnej; powstała wysoko tryskająca wodą fontanna (1865) koło oranżerii przy podjazdach i wodospad w Parku Górnym.

Podczas gdy Napoléon-Louis po upadku króla Francuzów, Ludwika Filipa, wycofał się do Berlina i Żagania, jego syn, Bonson de Talleyrand-Périgord (1832–1910), mieszkał zazwyczaj w paryskim Hôtel de Monaco-Sagan (obecnie ambasada Polski) i żyje do dziś literacko w „Poszukiwaniu straconego czasu" Marcela Prousta. Prince de Sagan był z pewnością najbardziej ekscentryczną postacią Belle Époque, a w Paryżu tamtych lat uchodził za uosobienie luksusu. W Żaganiu natomiast bywał rzadko, chociaż polecił znacząco zmodernizować rodzinny pałac, co z kolei przyczyniło się do tego, że posiadłość w 1907 roku została objęta komisarycznym zarządem. W 1910 roku jego syn Hélie (1859–1937) odziedziczył długi, musiał sprzedać dzieła sztuki i być świadkiem tego, jak naziści w 1935 roku próbowali upaństwowić „majątek leśny Sagan"; jego syn Howard Maurice (1909–1929) popełnił samobójstwo – był ostatnim księciem żagańskim.

W 1945 roku park i pałac były po okresie użytkowania ich jako szpitala polowego i magazynu łupów wojennych, zdewastowane. Odszkodowanie dla rodziny Talleyrand-Périgord w 1948 roku stało się początkiem nowej ery w należącym teraz do Polski Żaganiu. Pałac został odrestaurowany w 1962 roku i mieści od roku 1983 bibliotekę miejską, kino, salę teatralną, jest miejscem wystaw, bankietów, wesel i wykładów i służy jako Żagański Pałac Kultury mieszkańcom miasta. Po „wielkim luksusie" sławnej i ustosunkowanej w całej Europie rodziny książęcej i kompozycyjnych zmianach dokonanych przez dobroczynną i szanowaną do dziś Dorotę, w Pałacu i Parku Żagańskim panuje obecnie „wielka różnorodność" społeczeństwa miasta o bogatej historii.

Vom Schloss und der Dorotheenruhe, einst
mit der Blumeneiche und den Orangerien,
führt die Elisabeth-Brücke über den Bober
in den Mittelpark.

Most Elżbiety nad Bobrem łączący tereny
wokół pałacu i Zacisze Doroty, dawniej
z ozdobione Dębem Kwiatowym i oranżeriami,
z Parkiem Środkowym.

Große Rampe nach dem Muskauer Vorbild und die sogenannte Rampenorangerie, nach der Idee König Friedrich Wilhelms IV., einem häufigen Gast in Sagan.

Duży podjazd według wzorca z Mużakowa oraz tak zwana oranżeria pod podjazdem, według pomysłu króla Fryderyka Wilhelma IV, często goszczącego w Żaganiu.

Eine von zwei marmornen Siegesgöttinnen von Christian Daniel Rauch, 1874 unter Herzog Napoléon-Louis, Dorotheas Sohn und Erbe von Sagan, aufgestellt.

Jedna z dwóch marmurowych bogiń zwycięstwa Christiana Daniela Raucha, ustawiona w 1874 roku za czasów księcia Napoléona-Louisa, syna Doroty i dziedzica Żagania.

137

Innenhof des Residenzschlosses mit der Architektur von Antonio della Porta und der Terrasse an der Rampe zum Park. Angeblich symbolisieren die vier Platanen die vier Kurland-Schwestern, von denen Wilhelmine, Pauline und Dorothea Herzoginnen von Sagan waren.

Dziedziniec wewnętrzny rezydencji zaprojektowanej przez Antonia della Portę oraz taras przy podjeździe prowadzącym do parku. Podobno cztery platany symbolizują cztery córki kurlandzkie, z których Wilhelmina, Paulina i Dorota były księżnymi żagańskimi.

Blick über die Rampe vom Schlosshof zur Wiese mit der Fontäne von 1865. Einst schmückten Orangenbäumchen und Papageien diesen wichtigsten Weg in den Park.

Widok od strony dziedzińca pałacu, na podjazd w kierunku łąki z fontanną z roku 1865. Dawniej drzewka pomarańczowe i papugi zdobiły tę ważną drogę w parku.

Nordseite des Schlosses mit einem geometrischen Garten und den einst wie heute reichen Blumenrabatten als Haupteingang von der Stadt und dem Gebäude der einstigen Königlichen Regierung.

Strona północna pałacu z geometrycznym ogrodem i bogatymi tak w przeszłości, jak i dziś rabatami kwiatowymi oraz głównym wejściem od strony miasta i dawnego budynku administracji królewskiej.

Orangerieplatz seitlich des Schlosses – hier führte die Fuchsientreppe empor zum Schlossvorplatz und die Gäste konnten unter den Brücken und in den reich bepflanzten Gräben lustwandeln.

Plac Oranżerii z boku pałacu – stąd prowadziły przystrojone fuksjami schody na plac przed pałacem, a goście mogli spacerować pod mostkami i w bogato obsadzonej roślinnością suchej fosie.

Partie am Holländischen Garten mit der Orangerie am Bober, nahe der einst nur der Herzogin vorbehaltenen Marieninsel.

Teren przy Ogrodzie Holenderskim z Oranżerią nad Bobrem, blisko Wyspy Marii, zastrzeżonej dawniej tylko dla księżnej.

Heute ist der ehemalige herzogliche Park von den Bürgern und zahlreichen Gästen beliebter Erholungsort inmitten der polnischen Stadt.

Obecnie dawny park książęcy jest ulubionym miejscem wypoczynku mieszkańców i licznych gości w centrum miasta.

Kreuzkirche im Garten im Westen des herzoglichen Parks. Seit 1862 Grablege der bis heute in Polen verehrten Herzogin Dorothea von Sagan.

Kościół Św. Krzyża w ogrodzie w zachodniej części Parku Książęcego. Od 1862 roku miejsce spoczynku szanowanej do dziś w Polsce księżnej Doroty Żagańskiej.

Dorotheen-Hospital, bis 1859 nach dem Entwurf von Hofbaurat Leonard Dost von Schatzberg zum Wohle der Bevölkerung von Sagan/Zagan errichtet.

Szpital św. Doroty, wzniesiony w 1859 roku według projektu nadwornego radcy budowlanego Leonarda Dosta von Schatz-berga dla mieszkańców Żagania.

Seite 146/147: Große Wiese, die ehemalige Dorotheenruhe, an der Gartenseite des Residenzschlosses zum Bober hin, rechts die Elisabethbrücke.

Strona 146/147: Wielka Łąka, dawne Zacisze Doroty, po stronie ogrodowej pałacu w kierunku Bobru, po prawej stronie Most Elżbiety.

GERT STREIDT

KROMLAUER PARK
PARK KROMLAU

IM REICH DER RHODODENDREN

Jedes Jahr im Mai lockt ein schier unüberschaubares Band aus blühenden Rhododendren und Azaleen zigtausende Besucher nach Kromlau. Eine überbordende Fülle aus vielfarbigen Blüten schafft eine duftige, paradiesische Atmosphäre. Doch damit nicht genug überrascht der Park die von der Blütenpracht faszinierten Spaziergänger immer wieder mit aus Feldsteinen und Basaltstelen geformten wild-romantischen Staffagen. Diese Szenerien, deren bekannteste die bildgewaltige Rakotzbrücke über den gleichnamigen See ist, sind eingebunden in einen weiträumigen, ursprünglich 172 Hektar großen Landschaftspark, dessen Geschichte in der Mitte des 19. Jahrhunderts begann. Im Unterschied zu anderen großen Landschaftsparks, die meist früher und auf ererbtem adligem Grundbesitz entstanden, ging in Kromlau mit Friedrich Herrmann Roetschke (1805–1893) die Initiative von einem visionären Angehörigen des Bürgertums aus. Roetschke erkannte im Landschaftsbild des Muskauer Faltenbogens das Potenzial zur Anlage eines Parks, den er im eigenen Auftrag und nach eigenen Vorstellungen gestaltete. Mit Sicherheit kann man davon ausgehen, dass er sich bei seinem Plan vom nur wenige Kilometer entfernten Muskauer Park und seinem Schöpfer, dem ebenso visionären wie mutigen und mit großem Gestaltungsdrang ausgestatteten Fürsten Pückler (1785–1871), inspirieren ließ.

Roetschke stammte aus der Lausitz, wurde 1805 in der Nähe von Löbau geboren und war durch geschickte unternehmerische Tätigkeit, u. a. den Kauf und Verkauf landwirtschaftlicher Güter, vermögend geworden. Über Roetschkes Leben ist nicht allzu viel bekannt.

W ŚWIECIE RODODENDRONÓW

Co roku nieprzebrane morze kwitnących rododendronów i azalii przyciąga dziesiątki tysięcy zwiedzających do Kromlau. Bujne kolorowe kwiaty stwarzają pachnącą, rajską atmosferę. Jakby było tego mało, park zaskakuje zafascynowanych bogactwem kwitnących roślin spacerowiczów dziką i romantyczną scenerią uformowaną z kamieni polnych i bazaltowych steli. Elementy te, z których najbardziej znanym jest imponujący Most Raka (Rakotzbrücke), rozpościerający się nad jeziorem o takiej samej nazwie, są wkomponowane w rozległy, pierwotnie 172-hektarowy park krajobrazowy, którego historia rozpoczęła się w połowie XIX wieku. W odróżnieniu od innych wielkich parków krajobrazowych, które powstawały zazwyczaj wcześniej na dziedziczonych posiadłościach arystokratycznych, w Kromlau inicjatywa wyszła od wizjonerskiego przedstawiciela mieszczaństwa w osobie Friedricha Herrmanna Roetschkego (1805–1893). Roetschke dostrzegł w ukształtowaniu krajobrazu Łuku Mużakowa potencjał do założenia parku, który tworzył na własną rękę według własnych pomysłów. Z pewnością można założyć, że w swoich planach inspirował się oddalonym tylko o kilka kilometrów Parkiem Mużakowskim i jego twórcą – równie wizjonerskim, co odważnym i opętanym wielką potrzebą tworzenia księciem Pücklerem (1785–1871).

Roetschke pochodził z Łużyc, urodził się w 1805 roku w pobliżu Löbau i wzbogacił się na sprawnej działalności gospodarczej, m.in. kupując i sprzedając majątki rolne. O życiu Roetsch-

Blühende Rhododendren und Azaleen gehören zu den besonderen Publikumsmagneten im Kromlauer Park.

Kwitnące rododendrony i azalie należą do szczególnych atrakcji przyciągających turystów do Parku Kromlau.

Er scheint eine schillernde Persönlichkeit gewesen zu sein, wie Schilderungen seiner Großnichte Margarete Galmert zeigen: »Seinen Hang aufzufallen und den Kavalier großen Stils zu spielen, hat er noch bis ins hohe Alter bewiesen [...] Großes Aufsehen machte es damals, dass Onkel sechsspännig fuhr. Er hatte dazu Falben gekauft und hinter seinen Wagen mussten sämtliche Hunde des Hofes herlaufen [...] Trotz seiner Herrennatur war er sehr gut zu seinen Angestellten und Hofarbeitern. Der Tochter seiner Hausdame kaufte er ein Gut bei ihrer Verheiratung, und Aussteuer bekamen alle Töchter der Angestellten [...] Sein Äußeres und seine Unterhaltungsgabe sind bestrickend gewesen und sicher ist, dass er manche Abenteuer leichtsinniger Art erlebt hat [...] In Kromlau versammelte sich im Sommer immer eine große Anzahl von Gästen, die sich in dem schönen, alten Herrenhause und dem riesigen, von Onkel geschaffenen Park äußerst wohl fühlten.« Und von dem Chronisten Adolf Aisch erfahren wir: »Er war ein Feind der Ehe und doch ein Freund der Frauen.«

Kromlau, ein altes Rittergut, erwarb er 1842, um schon bald danach mit der Anlage eines Parks zu beginnen. Ausgehend von der vorgefundenen Landschaft band er die aus der Eiszeit stammenden wassergefüllten Gräben des Muskauer Faltenbogens in die entstehenden Parkbilder ein und legte längs der Gewässer Wege und Pflanzungen an. Lange, den Park durchziehende Sichten, die räumliche Tiefe erzeugen und von herausgehobenen Blickpunkten aufgefangen werden, und eine auch farblich wirkungsvolle Pflanzung von Baumgruppen und Solitärbäumen zeigen die souveräne Beherrschung der Gestaltungsprinzipien des Landschaftsgartens. Auch hier werden die Vorbildwirkung des nahen Muskauer Parks und die helfende Hand der dortigen Gärtner eine Rolle gespielt haben. Ein Zeitungsbeitrag von 1894 hebt hervor, dass Roetschke eine Vielzahl seltener Bäume und Gehölze pflanzen ließ: »Vertreter des Pflanzenreichs aller Weltteile, darunter alter Bäume in üppigen Exemplaren, sind

VERTRETER DES PFLANZENREICHS ALLER WELTTEILE, DARUNTER ALTER BÄUME IN ÜPPIGEN EXEMPLAREN, SIND HERBEIGEHOLT WORDEN UND BILDEN NUN DEN WERTVOLLEN KROMLAUER PARK.
ZEITUNGSBEITRAG, 1894

kego niewiele wiadomo. Wydaje się, że był błyskotliwą osobowością, jak wynika to z opisu autorstwa wnuczki jego rodzeństwa Margarete Galmert: „Pokazać swoje skłonności i grać kawalera wielkiego stylu – to udowadniał jeszcze w podeszłym wieku [...] Wielką sensacją było wówczas, że wuj jeździł sześciokonnym zaprzęgiem. W tym celu kupił bułane konie, a za powozem musiała biec sfora psów [...] Mimo władczej natury był dobry dla swoich zatrudnionych i pracowników dworskich. Córce swojej damy dworu kupił na ślub posiadłość, a posag otrzymywały wszystkie córki zatrudnionych pracowników [...] Miał czarujący wygląd i dar zabawiania towarzystwa, tak że na pewno przeżył niejedną lekkomyślną przygodę [...] W Kromlau latem zbierało się zawsze wielu gości, którzy niezwykle dobrze czuli się w pięknym, starym dworku i potężnym, stworzonym przez wuja parku." A od kronikarza, Adolfa Aischa, dowiadujemy się, że: „Był wrogiem małżeństwa, a jednak przyjacielem kobiet."

Kromlau, dawny majątek rycerski, Roetschke nabył w roku 1842, i krótko potem rozpoczął zakładanie tu parku. Na bazie występującego na miejscu ukształtowania terenu włączył on do kompozycji parkowej cieki polodowcowe Łuku Mużakowa wyznaczając wzdłuż nich drogi i kompozycje roślinne. Długie, rozpoczynające się w wyniesionych punktach i przechodzące przez park osie widokowe, które tworzą efekt przestrzennej głębi, a także imponujące, także swoją barwą, nasadzenia grup drzew i soliterów świadczą o suwerennym opanowaniu zasad kompozycyjnych ogrodów krajobrazowych. Również i w tym przypadku swoją rolę musiał odegrać wzorzec pobliskiego Parku Mużakowskiego i pomocna dłoń tamtejszych ogrodników. W jednym z artykułów prasowych z 1894 roku podkreśla się, że Roetschke polecił zasadzić cały szereg rzadkich drzew i roślin drzewiastych: „Sprowadzono różne rośliny z wszystkich stron świata, wśród

herbeigeholt worden und bilden nun den wertvollen Kromlauer Park […] Außer Blutbuchen und farnblättrigen Buchen werfen die cilicische Weißtanne, die Sitkafichte und die durch ihren Stockausschlag merkwürdige Pechkiefer ihre Schatten. Der Wanderer braucht nur wenige Schritte weiterzugehen, um zu einem prächtigen Exemplar von Pinus Cembra (Zirbelkiefer oder Arve) zu gelangen. Ganze Wäldchen der österreichischen Schwarzkiefer, wie von kecker Titanenhand wahllos hingestreut, erfreuen das Auge, dazwischen Gruppen des Trompetenbaumes und der geschlitzt-blättrigen Linde […] «

Das Bild des entstandenen Parks vervollständigten zahlreiche, vor allem barocke Skulpturen, mit denen markante Punkte und einzelne Gartenräume akzentuiert wurden. Den gestalterischen Höhepunkt und die herausragende Besonderheit im Kromlauer Park bilden jedoch die aus Basaltstelen und Feldsteinen geformten Architekturen und Staffagen, unter denen besonders die im und um den Rakotzsee gruppierte Szenerie mit der Rakotzbrücke herausragt. Äußerungen Roetschkes zu seinen Inszenierungen, die ihre Faszination bis auf den heutigen Tag ausüben, sind leider nicht überliefert, so dass der Betrachter seinen Assoziationen freien Lauf lassen kann. Die Teufels- oder Rakotzbrücke geht auf ein beliebtes Motiv zurück, das sein Vorbild in der Brücke über die Schöllenenschlucht am St. Gotthard in der Schweiz hat. Besonders in der Zeit der Romantik in der ersten Hälfte des 19. Jahrhunderts war die »Teufelsbrücke« mit ihrer schaurig-schönen Geschichte ein in der Malerei gern dargestellter Gegenstand. Ein berühmtes Beispiel ist das Gemälde »Bau der Teufelsbrücke« von Carl Blechen (1798–1840). Auch in Parks dieser Zeit findet man oft spektakulär gestaltete »Teufelsbrücken«, etwa im Park Glienicke des Prinzen Carl von Preußen am Jungfernsee der Havel zwischen Berlin und Potsdam.

Die mit der Teufelsbrücke verbundene Sage nahmen die Brüder Grimm in ihre 1816 erschienene Sammlung Deutscher Sagen auf. Ein

nich stare drzewa w okazałych rozmiarach, które tworzą teraz cenny Park Kromlau […] Oprócz buków odmiany purpurowej i asplenifolia o cień dbają jodła syryjska, świerk sitkajski i charakterystyczna ze względu na swoje odrośla sosna smołowa. Tylko kilka kroków dalej spacerujący spotkają okazały egzemplarz pinus cembra (sosna limba). Oko cieszą całe, niczym ręką Tytana bezładnie rozrzucone zagajniki sosny czarnej austriackiej, a wśród nich grupy surmii i lip szerokolistnych ‚Laciniata' […]"

Obrazu powstałego parku dopełniały liczne, przede wszystkim barokowe rzeźby, służące podkreśleniu charakterystycznych punktów i poszczególnych partii parkowych. Kompozycyjnymi punktami kulminacyjnymi i wybitnym wyróżnikiem Parku Kromlau są jednak uformowane ze steli bazaltowych i kamieni polnych obiekty architektoniczne i sztafaże, wśród których szczególnie wybija się skupiona wokół Jeziora Raka (Rakotzsee) sceneria z Mostem Raka (Rakotzbrücke). Nie zachowały się niestety wypowiedzi Roetschkego na temat własnych inscenizacji, które do dziś fascynują, tak że zwiedzający mogą puścić co do nich wodze fantazji. Most Raka wzgl. Diabła odwołuje się do ulubionego motywu, mającego swój pierwowzór w moście nad wąwozem Schöllenen przy przełęczy św. Gotarda w Szwajcarii. Szczególnie w okresie romantyzmu w 1 połowie XIX wieku „Most Diabła" ze swoją niesamowicie piękną historią był chętnie przedstawianym motywem w malarstwie. Słynnym przykładem jest tu obraz „Budowa Mostu Diabła" Carla Blechena (1798–1840). Również w parkach z tamtego okresu często można spotkać spektakularnie uformowane „mosty diabła", jak na przykład w Parku księcia Karola Pruskiego w Glienicke nad jeziorem Jungfernsee nad Hawelą pomiędzy Berlinem i Poczdamem.

Legenda związana z diabelskim mostem została ujęta przez braci Grimm w ich wydanym w 1816 roku zbiorze niemieckich

PARTIE IM PARK KROMLAU b. Weisswasser O. L.

Zu den beliebtesten Fotomotiven im Kromlauer Park gehörte schon immer die Rakotzbrücke, hier in einer historischen Aufnahme aus der Zeit um 1900.

Do najczęściej fotografowanych miejsc w Parku Kromlau od zawsze należy Rakotzbrücke – Most Raka, tu na zdjęciu historycznym z ok. 1900 roku.

Hirte, der öfters sein Mädchen besuchte, musste immer den reißenden Fluss überwinden oder einen großen Umweg machen, um die Schöllenenschlucht zu queren. Eines Tages wünschte er, »der Teufel wäre da und baute mir eine Brücke.« Augenblicklich erschien der Teufel und sagte: »Versprichst du mir das erste Lebendige, das darüber geht, so will ich dir eine Brücke bauen.« Der Hirte willigte in den Handel ein. Kurze Zeit später wölbte sich tatsächlich eine Brücke über die Schlucht. Auf der anderen Seite saß der Teufel und wartete auf seinen Lohn. Statt eines Menschen schickte der Hirte jedoch einen Ziegenbock hinüber. »Den magst du behalten«, rief er, »hier hast du die erste Seele, welche die Brücke überquert!« Voller Zorn zerriss der Teufel den Ziegenbock und holte einen gewaltigen Stein, mit dem er die Brücke wieder zerstören wollte. Da kam ein altes Mütter-

sag. Pasterz, który często odwiedzał swoją córkę, przekraczając wąwóz Schöllenen musiał zawsze pokonywać rwącą rzekę lub iść długą okrężną drogą. Pewnego dnia wypowiedział życzenie, „aby diabeł przyszedł i wybudował most.” Jak na zawołanie ukazał się diabeł i powiedział: „Obiecaj mi pierwszą żywą istotę, która przejdzie po moście, a wybuduję ci go.” Pasterz wyraził zgodę na ten handel. Krótko potem faktycznie nad wąwozem wyrósł most. Po drugiej stronie siedział diabeł i czekał na swoją zapłatę. Zamiast człowieka pasterz wysłał jednak kozła na drugą stronę. „Możesz go sobie zatrzymać”, zawołał, „masz tu pierwszą duszyczkę, która przeszła przez most!” Pełen gniewu diabeł rozerwał kozła i sięgnął po olbrzymi kamień, którym chciał zniszczyć most. Wtedy na drodze pojawiła się staruszka,

chen des Weges, erkannte ihn und ritzte ein Kreuz in den Stein. Als der Teufel dies sah, verfehlte er sein Ziel und der »Teufelsstein« landete im Tal, unweit von Göschenen. Dort liegt er seither.

Roetschkes Intentionen bei der Anlage seines Parks scheinen über das reine Zitieren eines romantischen Motivs weit hinauszugehen. Mit enormem Transportaufwand ließ er bis zu acht Meter lange Basaltstelen heranbringen, aus denen die Rahmung der Rakotzbrücke, eine hoch aufragende Insel im See und weitere Elemente, darunter das »Kleine Wildwasser«, gestaltet wurden. Dazu kommt eine aus Feldsteinen gebaute Grotte. Genauso beeindruckend ist die große Kaskadentreppe mit ihren zehn Meter langen, jeweils aus einem Stück gefertigten Stufen. Die Treppe hat ihr Vorbild in der großen Kaskadentreppe im Park Wilhelmshöhe in Kassel und wird wie dort von der Figur des Herkules Farnese bekrönt. In der Wirkmächtigkeit der Szenerie des Rakotz-Ensembles findet sich wenig Vergleichbares in dieser Zeit, allenfalls noch Pücklers Wasserpyramide im Branitzer Park. Es ist die Spannbreite der Kromlauer Bilderwelt, die von dem je nach Jahreszeit und Lichtstimmung immer ein wenig düster-melancholisch und entrückt wirkenden Rakotzsee mit der Brücke und der Basaltinsel bis hin zum heiter-irdischen, in einem offenen Gartenraum liegenden Herrenhaus reicht, die die Einzigartigkeit des Parks ausmacht.

Im Jahr 1875 verkaufte Friedrich Herrmann Roetschke seinen Kromlauer Besitz und begann auf seinem neuen Wohnsitz in Bärwalde, unweit des heutigen, aus der Flutung eines ehemaligen Tagebaus entstandenen Bärwalder Sees, mit der Anlage eines weiteren Parks, in den er ebenfalls aus Basaltstelen geformte Grotten und Staffagen einfügte.

Eine zweite große Entwicklungsetappe für Kromlau begann 1889 mit dem Erwerb des Anwesens durch die Familie von und zu Egloffstein, die die Geschicke von Park und Gut über ein halbes Jahrhundert lang bis zur Enteignung 1945 bestimmten. Der erste Besitzer aus der Familie, Graf Friedrich Leopold (1838–1921), und sein Garteninspektor Georg Wilhelm Eugen Eichler (1859–1929) begannen

rozpoznała go i wyryła znak krzyża na kamieniu. Gdy diabeł go zobaczył, chybił celu i „diabelski kamień" wylądował w dolinie, niedaleko Göschenen. I leży tam do dziś.

Intencje Roetschkego podczas zakładania parku zdają się daleko wykraczać poza czyste przytoczenie romantycznego motywu. Czyniąc wielkie nakłady na transport sprowadził bazaltowe stele o długości do ośmiu metrów, z których wykonano obramowanie Mostu Raka, wyniesioną wysoko ponad taflę wody wyspę na jeziorze i inne elementy, wśród nich oczko wodne „Kleines Wildwasser". Do tego dochodzi grota wybudowana z kamieni polnych. Równie imponujące są schody kaskadowe ze swoimi dziesięciometrowymi, wykonanymi z jednego kawałka kamienia, stopniami. Schody mają swój pierwowzór w wielkich kaskadach Parku Wilhelmshöhe w Kassel i są podobnie jak tam zwieńczone posągiem Heraklesa Farnezyjskiego. Trudno znaleźć w tym okresie coś porównywalnego z imponującą scenerią otoczenia Mostu Raka, może jeszcze oprócz pücklerowskiej piramidy na wodzie w Parku Branitz. O wyjątkowości parku stanowi wiele różnych obliczy Kromlau, od lekko posępnego, melancholijnego i wprowadzającego w nastrój alienacji jeziora Raka z mostkiem i bazaltową wysepką, aż po pogodny, doczesny, leżący w otwartej przestrzeni ogrodowej dworek.

W roku 1875 Friedrich Herrmann Roetschke sprzedał swój majątek w Kromlau i rozpoczął w swojej nowej siedzibie w Bärwalde, niedaleko dzisiejszego, powstałego w wyniku napełnienia wyrobiska dawnej kopalni odkrywkowej jeziora Bärwalder See, budowę kolejnego parku, w którym również zaprojektował uformowane z bazaltowych steli groty i sztafaże.

Drugi znaczący etap rozwoju Kromlau rozpoczął się w roku 1889 gdy majątek nabyła rodzina von und zu Egloffstein, mająca wpływ na park i posiadłość przez ponad pół wieku, aż do wywłaszczenia w 1945 roku. Pierwszy właściciel z tej rodziny, hrabia Friedrich Leopold (1838–1921), oraz jego inspektor ogrodowy Georg Wilhelm Eugen Eichler (1859–1929) rozpoczęli na-

Das Gemälde *Bau der Teufelsbrücke* von
Carl Blechen, entstanden um 1830, könnte
Herrmann Friedrich Roetschke bei seinen
Ideen für die Rakotzbrücke inspiriert haben.

Obraz Budowa Mostu Diabła *Carla Blechena,*
powstały ok. 1830 roku, był prawdopodobnie
inspiracją dla Herrmanna Friedricha Roetschke
w jego pomysłach na Rakotzbrücke.

mit der Pflanzung von tausenden Rhododendren und Azaleen. Die Pflanzen gediehen auf dem torfhaltigen Boden des Muskauer Faltenbogens gut, wurden später in großem Maßstab kultiviert und trugen maßgeblich zum wirtschaftlichen Ertrag des Gutes bei, der nun eine größere Rolle spielen sollte, wie Parkinspektor Eichler rückblickend schrieb: »Außer dem selten schönen, großen Park befand sich daselbst (meist meine eigene neue Schöpfung) eine große Gemüsegärtnerei, Obst und Pfirsichplantage, Spalierobstzucht, Blumen und Teppichgärtnerei, Gewächshauskultur sowie Anzucht von winterharten Rhododendren und Azaleen in großem Maßstab, nicht allein für den eigenen Haushalt, wie es ein großer Herrschaftssitz benötigt, sondern auch auf Einnahmen berechnet und mit gutem Erfolg betrieben.« Besonders die Rhododendren und Azaleen sollten von nun an das Bild des Parks prägen und machten Kromlau überregional als »Rhododendronpark« bekannt.

Trotz großer Bemühungen, den wirtschaftlichen Gutsbetrieb weiter auszubauen, fiel es der Familie Egloffstein immer schwerer, den Unterhalt des Parks zu gewährleisten. Nach und nach war man gezwungen, Parkwiesen aufzuforsten und Teile des Parks in landwirtschaftliche Nutzflächen umzuwandeln. Wie in ungezählten anderen Park- und Schlossanlagen führten die schweren Jahre des Krieges und nach 1945 zum schleichenden Verfall des Parks. Im Zuge der Bodenreform wurden große Teile an örtliche Bauern und Neusiedler übergeben, Gehölzgruppen abgeholzt und die Parkpflege aufgrund fehlender Kapazitäten eingestellt. In den fünfziger Jahren stürzte die Grotte im Rakotzsee ein. Neue Wertschätzung erhielt der Park, als Mitte der sechziger Jahre die Entwicklung des Naherholungsgebiets Kromlau-Gablenz begann. Mit einem bewundernswerten bürgerschaftlichen Engagement der örtlichen Bevölkerung, das bis heute anhält, konnten erste Sanierungsarbeiten umgesetzt werden. Nach 1990 wurden die Arbeiten auf der Grundlage einer denkmalpflegerischen Rahmenkonzeption fortgesetzt, die ihren bisherigen Höhepunkt in der Sanierung des Rakotz-Ensembles in den Jahren 2018 bis 2021 fanden.

sadzenia tysięcy rododendronów i azalii. Rośliny dobrze rosły na torfowej glebie Łuku Mużakowa i były później uprawiane na wielką skalę, przyczyniając się znacząco do ekonomicznych przychodów posiadłości, które miały odgrywać coraz większą rolę, jak w swoich wspomnieniach opisał to inspektor parkowy Eichler: „Poza niezwykle pięknym parkiem znajdowały się tamże (zazwyczaj przeze mnie samego stworzone) duże ogrodnictwo z warzywami, sad i plantacja brzoskwiń, szpalerowa uprawa drzewek owocowych, kwiaty i uprawy rabatowe, szklarnia oraz hodowla zimoodpornych rododendronów i azalii na dużą skalę, nie tylko na własne potrzeby, lecz także obliczone na zysk i uprawiane z dużym sukcesem." Szczególnie rododendrony i azalie stanowią o charakterze parku i rozsławiają Kromlau ponad granicami regionu jako „park rododendronów".

Mimo dużych starań o dalszy rozwój gospodarczy majątku, rodzinie Egloffstein coraz trudniej było utrzymać park. Zachodziła potrzeba stopniowego zalesiania łąk parkowych i przekształcania części parku w pola uprawne. Jak w wielu innych zespołach pałacowo-parkowych ciężkie lata wojny i po roku 1945 doprowadziły do postępującego upadku parku. W wyniku reformy rolnej duże jego fragmenty zostały przekazane miejscowym rolnikom i nowym osadnikom, grupy drzew zostały wycięte, a pielęgnacja parku w związku z brakiem środków przerwana. W latach 50. XX wieku zapadła się grota przy jeziorze Raka. Nowego znaczenia park nabrał w połowie lat 60. XX wieku, wraz z rozwojem terenu rekreacyjnego Kromlau-Gablenz. Godne podziwu zaangażowanie obywatelskie, które trwa do dziś, spowodowało wykonanie pierwszych prac rewitalizacyjnych. Po roku 1990 prace te były kontynuowane na podstawie ramowej koncepcji konserwatorskiej, osiągając swój punkt kulminacyjny w latach 2018–2021, kiedy to odnowiono całe otoczenie Mostu Raka.

Einen besonderen Blickpunkt bildet die aus Basaltstelen gefügte Insel im Rakotzsee.

Szczególnie spektakularnym miejscem jest zbudowana z bazaltowych steli wyspa na Rakotzsee – Jeziorze Raka.

Die Rakotzbrücke war in ihrer Statik so schwer geschädigt, dass sie während der Sanierungsarbeiten in den Jahren 2018 bis 2021 vollständig ab- und wieder aufgebaut werden musste.

Statyka Mostu Raka (Rakotzbrücke) była tak mocno nadwyrężona, że podczas prac renowacyjnych w latach 2018 do 2021 musiał on zostać całkowicie zdemontowany i ponownie zbudowany.

Die große Kaskadentreppe mit ihren zehn Meter langen, jeweils aus einem Stück gefertigten Stufen aus Granit. Die Treppe hat ihr Vorbild in der großen Kaskadentreppe im Park Wilhelmshöhe in Kassel und wird wie dort von der Figur des Herkules Farnese bekrönt, einer berühmten antiken Skulptur aus der Sammlung Farnese, deren Original heute im Archäologischen Nationalmuseum Neapel ausgestellt ist.

Wielkie schody kaskadowe z dziesięciometrowymi stopniami, wykonanymi z jednego kawałka kamienia. Schody mają swój pierwowzór w wielkich kaskadach Parku Wilhelmshöhe w Kassel i są podobnie jak tam zwieńczone posągiem Heraklesa Farnezyjskiego, słynnej antycznej rzeźby z kolekcji farnezyjskiej, której oryginał znajduje się dziś w Narodowym Muzeum Archeologii w Neapolu.

Zu den unverwechselbaren Bildern im Kromlauer Park gehören die mit Azaleen und Rhododendren umpflanzten künstlichen Gruppen aus Basaltstelen.

Do niezapomnianych widoków w Parku Kromlau należą obsadzone azaliami i rododendronami skupiska bazaltowych steli.

159

Das Herrenhaus und das
Kavaliershaus bilden das Zentrum
des Kromlauer Parks.

*Dwór i Dom Kawalerski tworzą
centrum Parku Kromlau.*

Der Kromlauer Park liegt in der eiszeitlichen Landschaft des Muskauer Faltenbogens, zu deren Besonderheiten zahlreiche Gewässer gehören, die als zentrale Gestaltungselemente in den Park einbezogen wurden.

Park Kromlau leży na polodowcowym terenie Łuku Mużakowa, do którego atrakcji należą liczne zbiorniki wodne, wykorzystane w parku jako główne elementy kompozycyjne.

In den Jahren zwischen 1889 und 1945, als Kromlau im Besitz der Familie der Grafen von und zu Egloffstein war, wurden von Parkinspektor Eichler tausende Rhododendren und Azaleen gepflanzt. In Verbindung mit dem Altbaumbestand aus der Roetschke-Zeit entstanden auf diese Weise beeindruckende farbige Szenerien.

W latach 1889 do 1945, gdy Kromlau było w posiadaniu rodziny hrabiów von und zu Egloffstein, inspektor parkowy Eichler posadził tu tysiące rododendronów i azalii. W połączeniu ze starodrzewem z okresu Roetschkego powstała w ten sposób imponująca kolorowa sceneria.

Über dem Inselteich erhebt sich diese *Richterstuhl* oder *Kanzel* genannte steinerne Inszenierung, die wohl einem klassischen Ritualplatz nachempfunden ist.

Nad stawem z wyspą wznosi się kamienna inscenizacja zwana Tronem Sędziowskim *lub* Amboną, *inspirowana zapewne klasycznym placem rytualnym.*

Zwei Grotten, eine aus weißem und eine
aus schwarzem Gestein, symbolisieren
entsprechend der Intentionen des Park-
schöpfers Herrmann Friedrich Roetschke
Himmel und *Hölle*.

*Dwie groty, jedna z białego i jedna
z czarnego kamienia, symbolizują zgodnie
z intencją twórcy parku, Herrmanna
Friedricha Roetschke niebo i piekło.*

GERT STREIDT

PARK UND SCHLOSS ALTDÖBERN
PARK I PAŁAC ALTDÖBERN

SACHSEN IN BRANDENBURG

Wer nach Altdöbern kommt, ahnt schnell, dass sich in Schloss und Park eine lange Geschichte spiegelt. Gleichsam wie ein Schleier liegen die Spuren der Vergangenheit über dem Ensemble und hüten das Geheimnis dieses Ortes. Dabei zeigt das heutige Bild nicht nur die über Jahrhunderte reichenden Bau- und Gestaltungsabsichten der zahlreichen, immer wieder wechselnden Besitzer, sondern auch ihre Verwobenheit mit der Entwicklung der Lausitz als Region zwischen Sachsen und Brandenburg-Preußen. Aber auch auf die Kultur des Deutschen Kaiserreichs trifft man in Altdöbern, auf Zeugnisse des Zweiten Weltkriegs, des Braunkohletagebaus, der DDR und auf die Wiedererstehung des Schloss- und Parkensembles nach 1990.

Wie oft an solchen Plätzen entwickelte sich die spätere Schlossanlage aus einer an einer Furt gelegenen Wasserburg, deren erste urkundliche Erwähnung bis 1377 zurückreicht. Im Schutz der Burg entstand im Zug der deutschen Besiedlung der slawischen Niederlausitz ein Dorf, das spätere Altdöbern. Ob Bauteile der Burg im späteren Schloss Verwendung fanden, konnte bisher nicht geklärt werden. Neuere Forschungen brachten aber zutage, dass der Kern des heutigen dreiflügeligen Schlosses schon aus der Zeit um 1570 stammt. Bisher war man davon ausgegangen, dass der Kernbau erst um 1717 entstand, als Alexander Dietrich von Eickstedt (1659–1727) seinen 1712 erworbenen Besitz zu einer repräsentativen barocken Schloss- und Parkanlage ausbauen ließ.

Eine Glanzzeit erlebte Altdöbern in der Mitte des 18. Jahrhunderts unter Carl Heinrich von Heineken (1707–1791), der Schloss und

SAKSONIA W BRANDENBURGII

Kto odwiedzi Altdöbern, szybko zauważy, że pałac i park odzwierciedla długą historię. Ślady przeszłości spowijają niczym welon cały zespół pałacowo-parkowy i strzegą tajemnicy tego miejsca. Jego dzisiejszy obraz uwidacznia nie tylko zamiary budowlane i aranżacyjne licznych zmieniających się na przestrzeni wieków właścicieli, lecz także ich powiązania z rozwojem Łużyc jako regionu na granicy Saksonii i Brandenburgii-Prus. W Altdöbern można jednak spotkać także ślady kultury Cesarstwa Niemieckiego oraz II wojny światowej, górnictwa węgla brunatnego, NRD i odtworzenia zespołu pałacowo-parkowego po roku 1990.

Późniejsze założenie pałacowe powstało, jak się to często w takich miejscach dzieje, w miejscu położonego przy przeprawie zamku na wodzie, o którym pierwsza wzmianka pochodzi z 1377 roku. W toku niemieckiego osadnictwa na słowiańskich Dolnych Łużycach powstała przy zamku wieś, późniejsze Altdöbern. Dotychczas nie udało się wyjaśnić, czy fragmenty zamku zostały wykorzystane w późniejszym pałacu. Z nowych badań wynika jednak, że główny korpus dzisiejszego trójskrzydłowego pałacu pochodzi już z roku 1570. Dotychczas zakładano, że główny korpus budowli powstał dopiero około roku 1717, gdy Alexander Dietrich von Eickstedt (1659–1727) polecił przekształcić swoją nabytą w 1712 roku posiadłość na reprezentacyjny barokowy zespół pałacowo-parkowy.

Okres rozkwitu Altdöbern przeżywało w połowie XVIII wieku za panowania Carla Heinricha von Heinekena (1707–1791), który

Blick auf die Eingangsseite des Schlosses mit dem um 1883 angefügten neoromanischen Anbau.

Widok na stronę frontową pałacu z neoromańską dobudówką z ok. 1883 roku.

Garten zu einem Gesamtkunstwerk von höchster Blüte brachte. Bedeutende Teile davon sind erhalten und u.a. im Französischen Garten des Parks und in den Gesellschaftsräumen des Schlosses erlebbar. Heineken besaß die Herrschaft Altdöbern von 1751 bis zu seinem Tode 1791. Umfassend gebildet im Sinne der aufklärerischen Ideale, war er die rechte Hand und Vertrauter seines mächtigen Gönners, des sächsischen Premiers Graf Heinrich von Brühl (1700–1763). Als Kunstkenner managte Heineken im Auftrag Brühls die kurfürstlichen Sammlungen in Dresden, publizierte wissenschaftliche Werke zur Kunst und kümmerte sich um die Verwaltung von Brühls Gütern, insbesondere um den Ausbau von dessen Herrschaft Forst-Pförten. Er hatte Zugriff auf die besten Künstler am Dresdner Hof, die er bei der Gestaltung von Brühls Schlossanlage in Pförten und, als geschickter Auftraggeber, zu günstigen Konditionen auch in Altdöbern beschäftigte.

Für den Schlossausbau zog Heineken den führenden Baumeister des sächsischen Rokoko Johann Christoph Knöffel (1686–1752) hinzu. Im Garten ging der Auftrag für einige der Meisterwerke sächsisch-barocker Bildhauerkunst an den Hofbildhauer Johann Gottfried Knöffler (1715–1779). Der geometrische Garten wurde nicht nur durch zahlreiche Skulpturen aufgewertet, sondern auch erheblich erweitert. Wasserbecken und Kanäle, auf denen Gondeln fuhren, wurden angelegt und ein bis heute erhaltenes Heckentheater. Aber nicht nur dem Promenieren und heiterem Müßiggang sollte der Rokokogarten dienen. Als wirtschaftlich agierender Lehnsherr legte Heineken auch große Quartiere für Obst- und Gemüseanbau an. Sein besonderes Interesse galt dem Anbau von Obst, das er in Altdöbern in großem Maßstab kultivierte und darüber 1774 eine zweibändige Abhandlung unter dem Titel »Nachricht und Beschreibung von verschiedenen

DER SCHLOSSPARK VON ALTDÖBERN,
WEGEN SEINER SCHÖNHEIT WEIT GERÜHMT
UND VIEL BESUCHT, IST IN SEINER
JETZIGEN GESTALT EINE SCHÖPFUNG
DES GRAFEN VON WITZLEBEN,
DER EINE HERRLICHE ANLAGE ENGLISCHEN
GESCHMACKS ZUSTANDEBRACHTE,
DIE SICH HINTER DEM SCHLOSSE
IN GRÜNEN WIESENFLÄCHEN
UND WUNDERVOLLEN BAUMGRUPPEN
BIS AN DEN GROSSEN SEEARTIGEN TEICH
UND AN DESSEN UFERN HINZIEHT,
VOLL VON LAUSCHIGEN PLÄTZEN UND
ANMUTIGEN DURCHBLICKEN.
OTTO EDUARD SCHMIDT, 1926

sprawił, że pałac i ogród połączyły się w jedno dzieło sztuki wielkiej rangi. Znaczna jego część zachowała się do dziś i może być podziwiana między innymi w Ogrodzie Francuskim i komnatach pałacu. Heineken posiadał majątek Altdöbern od roku 1751 do swojej śmierci w 1791 roku. Wszechstronnie wykształcony w duchu oświeceniowych ideałów, był prawą ręką i zaufanym swojego potężnego mecenasa, saksońskiego premiera hrabiego Heinricha von Brühla (1700–1763). Jako znawca sztuki Heineken zarządzał z upoważnienia Brühla elektorskimi kolekcjami w Dreźnie, publikował dzieła naukowe poświęcone sztuce i administrował dobrami Brühla, w szczególności kierował rozbudową jego państwa stanowego Forst-Pförten (Forst-Brody). Miał dostęp do najlepszych artystów na drezdeńskim dworze, których zatrudniał przy przekształceniach założenia pałacowego Brühla w Brodach oraz – będąc sprawnym zleceniodawcą – na korzystnych warunkach również w Altdöbern.

Do rozbudowy pałacu Heineken pozyskał czołowego architekta saskiego rokoka, Johanna Christopha Knöffla (1686–1752). Zlecenie na wykonanie do ogrodu kilku mistrzowskich dzieł w stylu saskiego baroku otrzymał nadworny rzeźbiarz Johann Gottfried Knöffler (1715–1779). Liczne rzeźby podniosły wartość geometrycznego ogrodu, który został ponadto znacznie powiększony. Założono oczka wodne i kanały, po których pływały gondole, a także teatrzyk wśród żywopłotów. Rokokowy ogród miał jednak służyć nie tylko do przechadzek i próżnej zabawy. Jako aktywny w działalności gospodarczej pan lenny, Heineken wytyczył również duże tereny na uprawę owoców i warzyw. Szczególnie interesował się sadownictwem, które kultywował w Altdöbern na dużą skalę. W 1774 roku opublikował na ten temat dwutomową

Obstsorten, welche nunmehro in der Niederlausitz erbauet werden«
publizierte.

Mit demselben Elan wie bei der Gestaltung seines Gartens und
Schlosses widmete sich Heineken der wirtschaftlichen Verbesse-
rung Altdöberns und schuf ein wirkliches Musterdorf. Er erhöhte die
Zahl der Markttage, begründete eine Papiermühle, Brauerei, Tabak-
manufaktur und Poststation und siedelte zahlreiche Handwerks-
betriebe an. Als Auftakt für den Übergang
zur Schlossanlage ließ er den noch heute er-
lebbaren, beeindruckend großen Marktplatz
anlegen und mit eigens aus Holland einge-
führten Linden bepflanzen. Einbezogen in
die Platzanlage wurde die auf das Schloss
und direkt auf die kurfürstliche Residenz
Dresden ausgerichtete »Avenue de Dresde«.
Die heute den Markt dominierende, in neubarocken Formen ausgeführte Kirche mit
einem mächtigen Turm stammt aus den
Jahren 1918 bis 1921 und ersetzte einen ab-
gebrannten Vorgängerbau, in dem sich auch
die beim Brand zerstörte Gruft Heinekens
befand.

Im 19. Jahrhundert besaßen dann verschiedene zu Wohlstand
gelangte bürgerliche Unternehmer Altdöbern, ohne größere Veränderungen vorzunehmen. Eine zweite große Entwicklung, die das Bild
von Park und Schloss bis heute bestimmt, begann 1879 mit der Über-
nahme des Besitzes durch Heinrich von Witzleben (1854–1933).
Witzleben, ein erfolgreicher preußischer Unternehmer und Politiker,
unterhielt enge Beziehungen zur kaiserlichen Familie, sowohl
Wilhelm I. als auch Wilhelm II. weilten wiederholt zu Besuch in Altdöbern. Witzlebens einflussreichen gesellschaftlichen Rang im
deutschen Kaiserreich verdeutlicht auch seine Mitgliedschaft im
Preußischen Herrenhaus als Vertreter der Grundbesitzer der Niederlausitz. Nach Plänen des renommierten Berliner Architekturbüros

PARK PAŁACOWY ALTDÖBERN,
SZEROKO ZNANY I CZĘSTO ODWIEDZANY
ZE WZGLĘDU NA SWOJE PIĘKNO, JEST
W SWOJEJ OBECNEJ POSTACI DZIEŁEM
HRABIEGO VON WITZLEBENA,
KTÓRY STWORZYŁ WSPANIAŁE ZAŁOŻENIE
W ANGIELSKIM STYLU,
ROZCIĄGAJĄCE SIĘ ZA PAŁACEM
NA ZIELONYCH ŁĄKACH
Z CUDOWNYMI GRUPAMI DRZEW, AŻ DO
WIELKIEGO PRZYPOMINAJĄCEGO
JEZIORO STAWU I WZDŁUŻ JEGO BRZEGÓW,
PEŁNE ZACISZNYCH MIEJSC
I UROCZYCH WIDOKÓW.
OTTO EDUARD SCHMIDT, 1926

rozprawę pod tytułem „Nachricht und Beschreibung von verschiedenen Obstsorten, welche nunmehro in der Niederlausitz
erbauet werden" („Informacje i opis różnych odmian owoców,
które obecnie uprawiane są na Dolnych Łużycach").

Z takim samym animuszem jak przy projektowaniu swojego
ogrodu i pałacu Heineken poświęcił się poprawie ekonomicznej
sytuacji Altdöbern i stworzył rzeczywiście modelową wieś.
Zwiększył liczbę dni targowych, założył
papiernię, browar, manufakturę tytoniu
i przystanek pocztowy oraz ściągnął
tu liczne zakłady rzemieślnicze. Na początku drogi dojazdowej do pałacu polecił
zbudować plac targowy imponujących
rozmiarów, który obsadził samodzielnie
z Holandii sprowadzonymi lipami. Z placem połączona była także skierowana
bezpośrednio na pałac i rezydencję ksią-
żąt-elektorów w Dreźnie „Avenue de Dresde". Górujący dziś nad rynkiem neobaro-
kowy kościół z potężną wieżą pochodzi
z lat 1918 do 1921 i został wybudowany
w miejscu poprzedniej budowli, w ktorej znajdował się zniszczony
również w pożarze grobowiec Heinekena.

W XIX wieku Altdöbern było w posiadaniu różnych mająt-
nych mieszczańskich przedsiębiorców, którzy nie dokonywali tu
większych zmian. Druga faza rozwoju, która zmieniła widok
parku i pałacu, rozpoczęła się po przejęciu posiadłości przez
Heinricha von Witzlebena (1854–1933) w 1897 roku. Witzleben,
skuteczny pruski przedsiębiorca i polityk, utrzymywał ścisłe
kontakty z rodziną cesarską. Z wizytą do Altdöbern przybywał
kilkukrotnie zarówno Wilhelm I jak i Wilhelm II. Wpływy i społeczną rangę Witzlebena w Cesarstwie Niemieckim potwierdza
także jego członkostwo w Pruskiej Izbie Panów (wyższa izba
parlamentu Królestwa Prus – przyp. tłum.), w której reprezen-

Christoph Friedrich Sparing nach
Carl Heinrich von Heineken. Plan des
Schlossgartens in Altdöbern, 1756.

*Christoph Friedrich Sparing według
Carla Heinricha von Heinekena. Plan ogrodu
przypałacowego w Altdöbern, 1756.*

Kayser & von Großheim ließ der 1886 in den preußischen Grafenstand Erhobene – er durfte sich Graf von Witzleben-Alt-Doebern nennen – das Schloss repräsentativ umbauen. Die Hoffassade erhielt eine Sandsteinverblendung in neubarocken Formen, der Gartenseite wurden zwei schlanke Türme mit Zwiebelhauben vorgesetzt. Der gesamte Innenhof der ursprünglichen Dreiflügelanlage wurde geschlossen und zu einer zweigeschossigen geräumigen Halle umgebaut. Die Anfügung eines mittelalterlich anmutenden Wohnturmes an den Ostflügel nach Ideen der Gattin Witzlebens, Gräfin Marie, geborene Prinzessin Reuß (1860–1914), vervollständigte das von den Bauherren erstrebte Bild. Westlich des Schlosses entstanden ein großer Marstall im englischen Tudorstil mit Remise und Wohnungen sowie eine 16-eckige Reithalle. Weiterhin kam ein ausgedehntes neues Gewächshaus hinzu.

Die einschneidendsten Veränderungen ließen die Witzlebens im Park vornehmen. Mit der Wahl von Eduard Petzold (1815–1891), einem der wichtigsten Schüler des Fürsten Pückler und langjährigem Parkdirektor in Bad Muskau, war klar, dass der alte Barockgarten aus der Heineken-Zeit zu einem Landschaftsgarten umgestaltet werden sollte. Dabei fällt auf, dass die alten Anlagen nicht völlig beseitigt, sondern zum Teil erhalten und mit den neuen Teilen des Parks verbunden werden sollten. Auf diese Weise entstand ein vielschichtiges Bild, das bis heute die Besonderheit von Altdöbern ausmacht. Mit seiner neubarocken Sandsteinfassade, die die Wappen sowohl Heinekens als auch Witzlebens trägt, und dem neoromanischen Wohnturm vermittelt der architektonisch aufgeladene Bau einen Eindruck der langen und bedeutenden Geschichte von Altdöbern. Dieser Eindruck setzt sich fort in den erhaltenen Teilen des Barockgartens, wie dem Heckentheater und dem Französischen Garten, um dann überzugehen in den großräumigen neuen, von Petzold konzipierten Landschaftsgarten. Pücklers Schüler konnte hier seine ganze Meisterschaft entfalten, die sich besonders in der Gestaltung von farblich bezaubernden Parkbildern ausdrückt. Er erreichte dies durch eine akzentuierte Staffelung ver-

tował posiadaczy ziemskich z obszaru Dolnych Łużyc. Według planów renomowanego biura architektów z Berlina Kayser & von Großheim podniesiony w 1886 roku w Prusach do stanu hrabiowskiego właściciel – wolno mu było używać tytułu hrabiego von Witzleben-Alt-Doebern – polecił przebudować pałac nadając mu reprezentacyjnego charakteru. Na fasadzie od strony dziedzińca pojawiło się neobarokowe oblicowanie z piaskowca, a od strony ogrodu dwie smukłe wieże z cebulastymi hełmami. Cały dziedziniec wewnętrzny pierwotnej trzyskrzydłowej budowli został zamknięty i przebudowany na dwukondygnacyjną przestronną halę. Dobudowanie wieży mieszkalnej w stylu średniowiecznym do skrzydła wschodniego według pomysłu małżonki Witzlebena, hrabiny Marie, z domu księżniczki Reuß (1860–1914), dopełniło pożądany przez inwestorów wygląd pałacu. Na zachód od niego powstała duża masztalnia w angielskim stylu Tudorów z powozownią i mieszkaniami oraz 16-kątna ujeżdżalnia. Później pojawiła się jeszcze nowa podłużna szklarnia.

Najbardziej znaczących zmian Witzlebenowie dokonali w parku. Po wyborze Eduarda Petzolda (1815–1891), jednego z najważniejszych uczniów księcia Pücklera i długoletniego dyrektora parku w Mużakowie, oczywistym było, że dawny ogród barokowy ma zostać przekształcony w ogród krajobrazowy. Interesujące przy tym było to, że dawne założenie nie zostało całkowicie usunięte, lecz częściowo zachowane i połączone z nowymi częściami parku. W ten sposób powstał obiekt wielowarstwowy, który do dziś stanowi wyróżnik Altdöbern. Bogata w szczegóły architektoniczne budowla ze swoją neobarokową fasadą piaskowcową, na której umieszczony jest herb zarówno Heinekena jak i Witzlebena, oraz neoromańską wieżą mieszkalną, odzwierciedla długą i znaczącą historię Altdöbern. Widać to także w zachowanych częściach ogrodu barokowego, takich jak teatr żywopłotowy i ogród francuski, przechodząc następnie w rozległy, zaprojektowany od podstaw przez Petzolda ogród krajobrazowy. Uczniowi Pücklera udało się tu zaprezentować cały swój

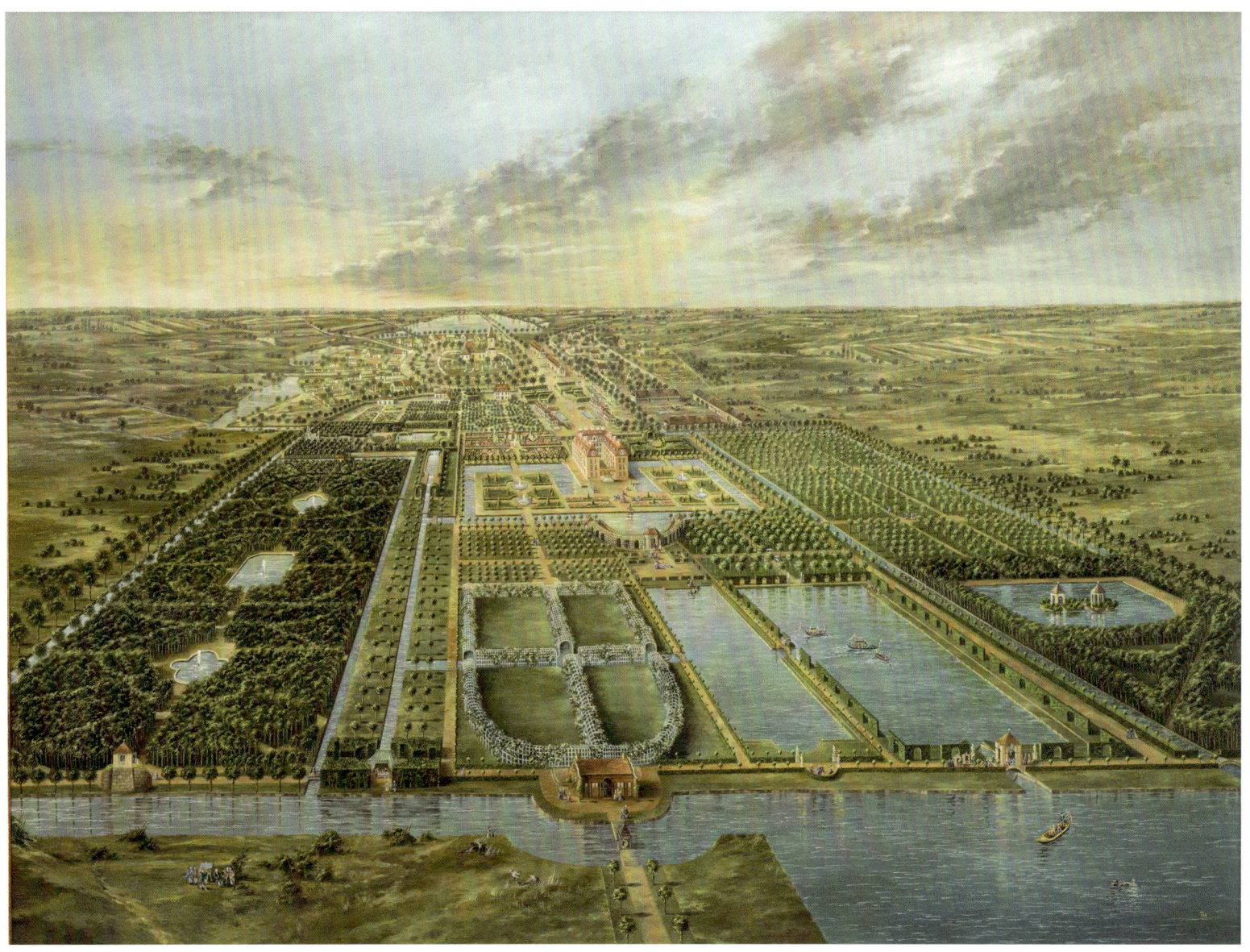

Die Schloss- und Gartenanlage von Altdöbern im Jahr
1756 von Norden aus in der Vogelperspektive gesehen.
Das 2019/2020 entstandene Gemälde von Thomas
Mauersberger vermittelt einen gültigen Eindruck von der
Pracht und hohen künstlerischen Qualität der Schloss-
anlage in der Zeit von Carl Heinrich von Heineken.

*Zespół pałacowo-ogrodowy Altdöbern w roku 1756
widziany od strony północnej z lotu ptaka. Obraz
autorstwa Thomasa Mauersbergera powstały w latach
2019/2020 uwidacznia rzeczywisty przepych i wysoką
jakość artystyczną założenia pałacowego w okresie
Carla Heinricha von Heinekena.*

schiedener Gehölze, darunter Blutbuchen, Trauerweiden, Roteichen, Blaufichten und Tannen. Lange, vor allem auf das Schloss ausgerichtete Sichten verbinden den Park mit der Umgebung und dem Großen Salzteich, den Petzold mit kunstvoll geschwungenen Uferlinien und einer großen, mit Bäumen bepflanzten Insel zu einem wichtigen Element im Bild des neu entstandenen Landschaftsparks umgestaltete.

Im Jahre 1914 verkaufte Witzleben aus wirtschaftlichen Gründen seinen Altdöberner Besitz an die Landgesellschaft »Eigene Scholle«, die Schloss und Park bereits 1917 an den Berliner Unternehmer Josef Garbáty (1851–1939) weiterveräußerte. Garbáty war mit der Herstellung und einem weltumspannenden Vertrieb von Zigaretten und Tabakwaren reich geworden, seine Firma im Berliner Bezirk Pankow wurde später legendär. Dazu trug auch bei, dass Garbáty seinen Arbeitern umfangreiche Sozialleistungen bot, darunter Arbeitslosenversicherung, eine Betriebskantine, Pausenräume, Bäder, eine Wäscherei, einen Werkschor und einen Betriebssportclub. Zu Ehren Garbátys benannte der Bezirk Pankow im Jahre 2000 einen Platz mit einer Schriftskulptur nach ihm. Garbáty nutzte Altdöbern mit seiner Familie als Sommerwohnsitz und beauftragte noch 1917 den Gartenarchitekten Heinrich Wiepking-Jürgensmann (1891–1973) mit der weiteren Ausgestaltung des Parks. Wiepking-Jürgensmann war zu dieser Zeit Mitarbeiter in der Berliner Niederlassung Jacob Ochs, einem der führenden Landschaftsarchitekten im Deutschen Reich, der u. a. mit Peter Behrens und Hermann Muthesius zusammenarbeitete. Infolge der 1938 erlassenen Verordnung zur »Ausschaltung der Juden aus dem deutschen Wirtschaftsleben« musste Garbáty als jüdischer Unternehmer seine Fabriken und auch Altdöbern verkaufen. Seine Familie emigrierte in die USA, er selbst blieb in Berlin, wo er 88-jährig 1939 verstarb.

Nächster Besitzer von Altdöbern war bis 1945 Fürst Leopold IV. zur Lippe (1871–1949), dem letzten regierenden Fürsten von Lippe in Detmold. Von 1943–1945 wurde die schwedische Botschaft in die Schlossanlage verlegt, die damit einen besonderen Rechtsschutz erhielt, der sicherlich dazu beitrug, dass Schloss und Park den Krieg

kunszt, wyrażający się szczególnie w aranżacji barwnych uro-kliwych widoków parkowych. Osiągnął to przez zaakcentowanie barw różnych drzew, w tym buków, wierzb płaczących, dębów czerwonych, świerków srebrnych i jodeł. Długie, skierowane na pałac osie widokowe łączą park z otoczeniem i Dużym Stawem Solnym, który Petzold przekształcił w ważny element nowo powstającego ogrodu krajobrazowego, nadając jego linii brzegowej łukowaty przebieg i zakładając na nim dużą, porośniętą drzewami wyspę.

W roku 1914 Witzleben ze względów ekonomicznych sprzedał swoją posiadłość w Altdöbern Towarzystwu Ziemskiemu Eigene Scholle, które już w 1917 odsprzedało pałac i park berlińskiemu przedsiębiorcy Josefowi Garbáty'emu (1851–1939). Garbáty wzbogacił się na produkcji i światowej dystrybucji papierosów i wyrobów tytoniowych, a jego firma w berlińskiej dzielnicy Pankow stała się później legendą. Przyczynił się do tego także fakt, że Garbáty oferował swoim pracownikom cały wachlarz świadczeń socjalnych, takich jak ubezpieczenie od bezrobocia, kantynę zakładową, pomieszczenia socjalne na przerwy w pracy, łazienki, pralnię, chór zakładowy i zakładowy klub sportowy. Ku czci Garbáty'ego władze dzielnicy Pankow w roku 2000 nazwały jego imieniem jeden z placów, umieszczając na nim przestrzenny napis. Garbáty wykorzystywał Altdöbern wraz ze swoją rodziną jako rezydencję letnią i jeszcze w roku 1917 powierzył architektowi ogrodowemu Heinrichowi Wiepking-Jürgensmannowi (1891–1973) dalsze urządzanie parku. Wiepking-Jürgensmann był w owym czasie pracownikiem berlińskiej filii czołowego architekta krajobrazu w Cesarstwie Niemieckim, Jacoba Ochsa, który współpracował m.in. z Peterem Behrensem i Hermannem Muthesiusem. Wskutek wydanego w 1938 roku Rozporządzenia w sprawie wyłączenia Żydów z niemieckiego życia gospodarczego Garbáty jako żydowski przedsiębiorca musiał sprzedać swoje fabryki i również Altdöbern. Jego rodzina wyemigrowała do USA, a on sam pozostał w Berlinie, gdzie w roku 1939 zmarł w wieku 88 lat.

unbeschadet überstanden. Nach Kriegsende war Altdöbern zunächst Plünderungen und Vandalismus und damit demselben Schicksal ausgesetzt wie ungezählte andere Schlösser. 1946 wurde die inzwischen in Volkseigentum überführte Anlage an die Caritas verpachtet, die das Schloss zuerst als Alten- und später als Kinderheim nutzte. Die Caritas zog 1974 aus, da sie mit den Aufwendungen für den Unterhalt überfordert und alleingelassen war. Von 1974 bis 1986 ohne Nutzung, begann der Verfall von Park und Schloss, der auch mit der Übertragung an die Liberal-Demokratische Partei Deutschlands, eine der fünf Blockparteien der DDR, die im Schloss ein Schulungsheim einrichten wollte, nicht aufgehalten werden konnte. Nach weiterem Leerstand ab 1990 überführte das Land Brandenburg das Schloss mit allen Gebäuden und wichtigen Teilen des Parks in die Brandenburgische Schlösser Gesellschaft, während der größere Teil des Parks bei der Gemeinde Altdöbern verblieb. Seitdem wurden mehr als 16 Millionen Euro in den Erhalt von Altdöbern investiert und damit die Grundlage für eine neue Zukunft dieses Juwels unter den Schlössern und Gärten der Lausitz geschaffen.

Kolejnym właścicielem Altdöbern był do roku 1945 książę Leopold IV zur Lippe (1871–1949), ostatni sprawujący władzę książę von Lippe w Detmold. W latach 1943–1945 do pałacu przeniesiono ambasadę szwedzką, dzięki czemu zyskał on szczególną ochronę prawną, która z pewnością przyczyniła się do tego, że pałac i park przetrwał wojnę bez szkód. Po zakończeniu wojny Altdöbern było narażone podobnie jak inne niezliczone pałace na rabunki i wandalizm. W roku 1946 upaństwowiony już obiekt został wydzierżawiony Caritasowi, który wykorzystywał go jako dom seniora, a później dom dziecka. Caritas wyprowadził się w 1974 roku, ponieważ pozostawiony sam sobie nie był w stanie pokryć wydatków na utrzymanie. W latach od 1974 do 1986 obiekt nie był użytkowany, tak że park i pałac zaczęły popadać w ruinę. Nie udało się tego również zatrzymać po ich przekazaniu Liberalno-Demokratycznej Partii Niemiec, jednej z pięciu współrządzących partii w NRD, która chciała urządzić w pałacu centrum szkoleniowe. Po kolejnych latach pustostanu kraj związkowy Brandenburgia wniósł pałac wraz z ważniejszymi częściami parku do spółki Brandenburgische Schlösser (Brandenburskie Pałace), podczas gdy większa część parku pozostała własnością gminy Altdöbern. Od tego czasu zainwestowano ponad 16 mln euro w zachowanie Altdöbern, stwarzając tym samym dobrą podstawę dla nowej przyszłości tej perły wśród pałaców i ogrodów łużyckich.

Ein bedeutender Altbaumbestand zeichnet den ab 1880 nach Plänen von Eduard Petzold, einem der wichtigsten Schüler des Fürsten Pückler, gestalteten Landschaftspark aus.

Znaczący starodrzew wyróżniający park krajobrazowy, którego zakładanie rozpoczęto w roku 1880 według planów Eduarda Petzolda, jednego z ważniejszych uczniów księcia Pücklera.

Blick vom Schloss zum südlichen Kavaliershaus und zum Turm der von 1918 bis 1921
errichteten evangelischen Kirche auf dem
Marktplatz.

*Widok z pałacu na południową oficynę i wieżę
wzniesionego w latach 1918 do 1921 kościoła
ewangelickiego na placu rynkowym.*

179

Ein Höhepunkt der Innenausstattung des Schlosses ist das mit reicher Architektur-Perspektivmalerei von Joseph Krinner geschmückte Haupttreppenhaus. Die Ausmalung stammt aus der Mitte des 18. Jahrhunderts, als Carl Heinrich von Heineken Altdöbern zu einer prachtvollen Residenz ausbaute.

Najznamienitszym elementem wystroju wnętrz pałacowych jest bogate malarstwo iluzjonistyczne Josepha Krinnera z motywami architektury w westybulu ze schodami paradnymi. Malowidła pochodzą z połowy XVIII wieku, kiedy Carl Heinrich von Heineken rozbudował Altdöbern na pełną przepychu rezydencję.

Zwei Sandsteinskulpturen von Gottfried Knöffler *Venus, den Amor züchtigend* und *Merkur*, flankieren den Eingang zum Schloss.

Dwie rzeźby z piaskowca autorstwa Gottfrieda Knöfflera Wenus chłostająca Amora i Merkury, *przy wejściu do pałacu.*

Der französische Garten mit Wasserspielen und Sandsteinskulpturen, die von der hohen Meisterschaft der sächsisch-barocken Bildhauerschule künden.

Ogród francuski z fontannami i rzeźbami z piaskowca, świadczącymi o wysokim mistrzostwie szkoły rzeźbiarstwa w okresie saskiego baroku.

Lange Sicht vom Schloss auf den Salzteich. Eduard Petzold konnte hier seine ganze Meisterschaft entfalten, die sich besonders in der Gestaltung von farblich bezaubernden Parkbildern ausdrückt.

Daleki widok z pałacu na Staw Solny. Eduard Petzold pokazał tu cały swój kunszt, wyrażający się szczególnie w barwnej kompozycji scenerii parkowej.

Von den Wegen im landschaftlichen
Teil des Schlossparks öffnen sich immer
wieder neue Blicke auf den Salzteich.

*Z alejek w krajobrazowej części parku
przypałacowego otwierają się coraz
to nowe osie widokowe na Staw Solny.*

Blick über den Salzteich auf die
Gartenseite des Schlosses.

*Widok na Staw Solny w kierunku
strony ogrodowej pałacu.*

Der Neptunbrunnen im
französischen Garten im Winter.

*Fontanna Neptuna w ogrodzie
francuskim zimą.*

Der Park im Schnee mit der Skulptur
Apoll mit Lyra von Gottfried Knöffler.

*Park w śniegu z rzeźbą Apollo z lirą
Gottfrieda Knöfflera.*

Seite 190/191: Die lange Sicht auf den
Salzteich im Winter. Auch im Schnee entfalten
die Parkbäume ihre malerischen Wirkungen.

*Strona 190/191: Daleki widok na Staw Solny
zimą. Również w śniegu drzewa parkowe mają
swój malowniczy urok.*

MARINA HEILMEYER

OSTDEUTSCHER ROSENGARTEN FORST
WSCHODNIONIEMIECKI OGRÓD RÓŻANY W FORST

ROSENDUFT

Die ungewöhnliche Geschichte des Rosengartens von Forst begann um 1900. Die damals rasant wachsende Industriestadt hatte ihre Einwohnerzahl innerhalb von 50 Jahren verdreifacht. Die Bewohner der um 1265 an der Kreuzung uralter Handelswege und einem günstigen Übergang über die Neiße gegründeten Stadt, waren ursprünglich ganz auf Handel ausgerichtet. Von der Stadtgründung bis in die erste Hälfte des 19. Jahrhunderts war Forst als sogenannte »Mediatstadt« nicht dem Landesherrn unterstellt, sondern dem jeweiligen adligen Standesherrn und Eigentümer. Diese feudalen Strukturen bedeuteten für die Stadt Segen und Fluch zugleich. So förderte Graf Heinrich von Brühl (1700–1763), dem Forst ab 1746 gehörte, hier die Tuchmacherei und schuf damit die Voraussetzungen für die Blütezeit der Stadt im 19. Jahrhundert. Andererseits hatte die Stadt stets wenig eigenen Grundbesitz, was sich noch um 1900 bei der Anlage eines öffentlichen Gartens in Forst sehr negativ bemerkbar machen sollte.

Grünanlagen für die Bevölkerung zu schaffen, war um 1900 ein weit verbreitetes Anliegen der Industriestädte in Deutschland. Den Arbeitern in ihren beengten Wohnverhältnissen sollte Bewegung und Aufenthalt im Freien geboten werden. Mit einem Park für alle konnte die Bürgergesellschaft ihre wirtschaftliche, soziale und politische Unabhängigkeit von den alten feudalen Strukturen beweisen. Gärten, die über viele Jahrhunderte als Zeichen adeliger und herrschaftlicher Repräsentation gedient hatten, wurden nun zum Mittel der Selbstdarstellung einer stolzen Bürgerschaft. Anders als in den Parks der Fürsten wurde für diese Anlagen ein breites Nutzungs-

ZAPACH RÓŻ

Niezwykła historia Ogrodu Różanego w Forst rozpoczęła się około 1900 roku. Forst było wówczas prężnie rozwijającym się miastem przemysłowym, którego liczba mieszkańców potroiła się w przeciągu 50 lat. Mieszkańcy założonego około roku 1265 na skrzyżowaniu dawnych szlaków handlowych przy korzystnej przeprawie przez Nysę miasta byli pierwotnie całkowicie nastawieni na handel. Od założenia miasta do pierwszej połowy XIX wieku Forst, jako tzw. „miasto zmediatyzowane” (»Mediatstadt«) nie podlegało bezpośrednio monarsze, lecz aktualnemu arystokratycznemu panu stanowemu i właścicielowi. Te feudalne struktury oznaczały dla miasta jednocześnie błogosławieństwo i przekleństwo. Na przykład hrabia Henryk von Brühl (1700–1763), do którego Forst należało od 1746 roku, wspierał tu sukiennictwo i stworzył tym samym warunki do rozkwitu miasta w XIX wieku. Z drugiej strony miasto miało ciągle niewiele własnych posiadłości ziemskich, co miało swoje negatywne skutki jeszcze ok. 1900 roku, gdy w Forst zakładano ogród publiczny.

Zakładanie terenów zielonych dla ludności było ok. roku 1900 sprawą powszechną w niemieckich miastach przemysłowych. Chodziło o zapewnienie pracownikom, żyjącym w ciasnych mieszkaniach, ruchu i przebywania na wolnym powietrzu. Zakładając park dla wszystkich, społeczeństwo obywatelskie mogło udowodnić swoją ekonomiczną, społeczną i polityczną niezależność od starych struktur feudalnych. Ogrody, przynależne przez wiele stuleci arystokracji i monarchom, stały się

Flora, die Göttin der Blumen, krönt den Brunnen am Haupteingang des Forster Rosengartens. Ihr zu Füßen sitzen vier Putten als Sinnbilder der vier Jahreszeiten. Der Brunnen ist ein Werk des Cottbuser Bildhauers Walter Adler (1863–1912).

Flora, bogini kwiatów, wieńczy fontannę przy wejściu głównym do Ogrodu Różanego w Forst. Przy jej stopach siedzą cztery amorki symbolizujące cztery pory roku. Fontanna jest dziełem rzeźbiarza z Cottbus, Waltera Adlera (1863–1912).

spektrum gefordert, das Sport, Spiel und Spaß für jedermann bieten sollte. Für so einen dringend gewünschten Volkspark fand sich in Forst trotz der Knappheit an Grund und Boden um 1900 ein wunderbares Gelände. Der Magistrat der Stadt Forst, die 1858 vom Standesherrn unabhängig geworden war, hatte um 1880 eine größere Flussregulierung in Angriff genommen. Im Zuge dieser Maßnahmen waren in der Neiße eine große und eine kleine künstliche Insel entstanden, die aufgrund ihrer Lage und Funktion als Wehrinsel und Reisigwehrinsel bezeichnet wurden. Um den geplanten Park auf der größeren Wehrinsel zu verwirklichen, musste der Magistrat von Forst einige Hindernisse überwinden. Erst 1906 konnte ein Wettbewerb für die Gestaltung des landschaftlich so reizvollen Geländes auf der Wehrinsel ausgelobt werden. Man entschied sich für die Anlage eines Landschaftsparks im englischen Stil, wie er aus den benachbarten herrschaftlichen Parks in Pförten, Muskau und Branitz bestens vertraut war.

Den modernen Erfordernissen eines Volksparks gemäß wurden auch Tennisplätze und Spielwiesen angelegt und eine Gaststätte erbaut. Sie wurde 1910 eröffnet und blieb für 80 Jahre ein beliebtes Ausflugsziel und Festlokal für die Forster Bevölkerung. Aber der Stadtverwaltung fehlte es an Erfahrung mit der Pflege öffentlicher Grünanlagen, und im langen heißen Sommer des Jahres 1911 vertrockneten große Teile des neu angelegten Parks. Das war die Stunde des »Vereins der Gärtner und Gartenfreunde in Forst und Umgebung«, der nun nicht nur sein gärtnerisches Wissen zur Verfügung stellte, sondern mit einer genialen Idee auch die Zukunft dieses öffentlichen Parks sicherte. Denn von Anfang an war es das Ziel dieses Vereins, in Forst ein Rosarium zu erschaffen, durch das der Garten sowohl für Rosenfreunde aus aller Welt, wie aber auch für den normalen Touristen ein begehrtes Ziel werden könnte.

Von der Rose versprach man sich magische Anziehungskraft, galt sie doch noch immer als die Königin der Blumen und nahm eine

SIEBEN ROSEN HAT DER STRAUCH
SECHS GEHÖR'N DEM WIND
ABER EINE BLEIBT,
DASS AUCH ICH NOCH EINE FIND.
BERTOLT BRECHT, 1950

środkiem wyrazu dumnego mieszczaństwa. W odróżnieniu od parków książęcych obiekty te oferowały szerokie spektrum możliwości ich wykorzystania do celów sportowych, gier i zabaw dla każdego. Na taki, pilnie pożądany park ludowy w Forst znalazło się ok. roku 1900, pomimo braku gruntów i terenów, wspaniałe miejsce. Magistrat miasta Forst, które od 1858 roku było niezależne od pana stanowego, zajął się ok. roku 1880 większą regulacją rzeki. W trakcie prac powstały na Nysie dwie sztuczne wyspy, jedna większa i jedna mniejsza, nazwane w związku ze swym położeniem i funkcją Wehrinsel („wyspa z jazem") i Reisigwehrinsel („wyspa z jazem i chrustem"). Aby zrealizować zaplanowany park na większej z wysp – Wehrinsel, magistrat Forst musiał pokonać kilka przeszkód. Dopiero około roku 1906 udało się ogłosić konkurs na zaprojektowanie atrakcyjnego krajobrazowo terenu na wyspie Wehrinsel. Zdecydowano się na założenie parku krajobrazowego w stylu angielskim, dobrze znanego z sąsiednich parków dworskich w Brodach, Mużakowie i Branitz.

Zgodnie z wymogami nowoczesnego parku ludowego wybudowano również korty tenisowe i place zabaw na łąkach oraz restaurację, która została otwarta w 1910 roku stając się przez kolejnych 80 lat ulubionym celem wycieczek i stałym lokalem ludności Forst. Jednak urzędowi miejskiemu brakowało doświadczenia w pielęgnacji publicznych terenów zieleni, tak że podczas długiego i suchego lata roku 1911 duże części nowego parku całkowicie wyschły. Nadeszła wielka chwila dla Stowarzyszenia Ogrodników i Miłośników Ogrodów w Forst i okolicy. Stowarzyszenie to dało do dyspozycji nie tylko swoją ogromną ogrodniczą wiedzę fachową, lecz także wniosło genialne pomysły na przyszłość tego parku publicznego. Od początku celem członków stowarzyszenia było stworzenie w Forst rozarium, dzięki któremu ogród miał stać się popularnym celem wycieczek dla

Sonderstellung unter den Gartenblumen ein. Seit Mitte des 19. Jahrhunderts hatte eine Leidenschaft für Rosen ganz Europa ergriffen. Die Symptome dieser Sucht waren zwar nicht ganz so heftig wie das Tulpenfieber im Holland des 17. Jahrhunderts, dafür aber sehr viel weiter verbreitet. Die Kaiserhöfe in Berlin und St. Peterburg inszenierten Rosenfeste, das viktorianische England veranstaltete die luxuriösesten Rosenschauen und Kleingartenbesitzer konkurrierten noch in den kleinsten Schrebergärten um die neuesten Rosenzüchtungen.

Begeisterung erweckte auch die Idee, den geplanten Garten zum 25. Thronjubiläum von Kaiser Wilhelm II. im Jahre 1913 zu eröffnen. Daher wurde für den zukünftigen Rosengarten mehr Geld gespendet, als eigentlich benötigt wurde. Die verschiedenen, an der Finanzierung des Rosengartens und der Rosenschau beteiligten Vereine konnten nun nicht nur in Pflanzen, sondern auch in Bildhauerarbeiten und Architekturen investieren. 1914 verlieh der Verein Deutscher Rosenfreunde dem Garten in Forst den Ehrentitel »Ostdeutscher Rosengarten«. Da das Gelände auf der Wehrinsel den Planern für ihre Pläne nicht mehr ausreichte, waren sie mit der gräflichen Familie von Brühl in Verhandlungen getreten und hatten das Gelände nördlich der Wehrinsel zunächst gepachtet, bis es die Stadt Forst 1919 ganz erwerben konnte. Dieses additive Vorgehen ist kennzeichnend für die Entstehungsgeschichte vieler Volksparks, die je nach Finanzlage der Kommune oder möglichem Erwerb von Grundstücken durch Stifter oder Spenden Stück für Stück erweitert und vergrößert wurden. Eine Brücke über den Wehrgraben, die das »Vorgelände« mit der Wehrinsel verband, war bereits vorhanden. Seit auch dieses Vorgelände bespielt werden konnte, befand sich der Haupteingang, wie noch heute, an der nördlichen Spitze dieses Gartenteiles. Begrüßt werden die Besucher hier von Flora, der Göttin der Blumen, deren von Putten umspielte Statue vom hohen Sockel herabschaut. Rechts und links der langen Sichtachse, die von hier nach

SIEBEN BLUMEN HATTE DIE ROSE
SECHS NAHM DER WIND IHR FORT
EINE ROSE BLIEB ÜBRIG
ALSO WERDE AUCH ICH ETWAS HABEN.
BERTOLT BRECHT, 1950

miłośników róż z całego świata, ale także zwykłych turystów. Po róży, która uchodziła bądź co bądź za królową kwiatów, obiecano sobie magiczną moc przyciągającą, wyznaczając dla niej specjalną wystawę wśród kwiatów ogrodowych. Od połowy XIX wieku miłość do róż ogarnęła całą Europę. Symptomy tej namiętności nie były może tak silne jak tulipanowa gorączka w Holandii w XVII wieku, ale za to bardziej powszechne. Dwory cesarskie w Berlinie i Sankt Petersburgu inscenizowały święta róż, wiktoriańska Anglia urządzała luksusowe wystawy róż, a posiadacze małych ogrodów działkowych konkurowali o najnowsze odmiany róż.

Zachwyt wzbudził także pomysł, aby otworzyć zaplanowany ogród w 25. rocznicę objęcia tronu przez cesarza Wilhelma II w 1913 roku. Podczas zbiórki datków na przyszły ogród różany zebrano nawet więcej pieniędzy niż właściwie potrzebowano. Różne stowarzyszenia, które uczestniczyły w finansowaniu ogrodu różanego mogły wreszcie zainwestować w rośliny, prace rzeźbiarskie i obiekty architektury. W 1914 roku Stowarzyszenie Niemieckich Miłośników Róż nadało ogrodowi w Forst tytuł „Wschodnioniemieckiego Ogrodu Różanego". Ponieważ teren na wyspie Wehrinsel nie wystarczał architektom wystawy RUGA do zrealizowania wszystkich planów, rozpoczęli oni negocjacje z rodziną hrabiów von Brühl i dzierżawili teren na północ od wyspy do roku 1919, kiedy to miasto mogło go już w całości nabyć. Ta stopniowa rozbudowa jest charakterystyczna dla genezy wielu parków ludowych, które w zależności od sytuacji finansowej samorządu czy też możliwości nabycia gruntów przez fundatorów czy ze zbiórek pieniędzy, były poszerzane i powiększane krok po kroku.

W owym czasie istniał już most prowadzący na wyspę. Od kiedy można było wykorzystać teren na stałym lądzie przed wyspą, główne wejście znajdowało się, tak jak dziś, na północnym krańcu tej części ogrodu. Goście witani byli przez statuę Flory,

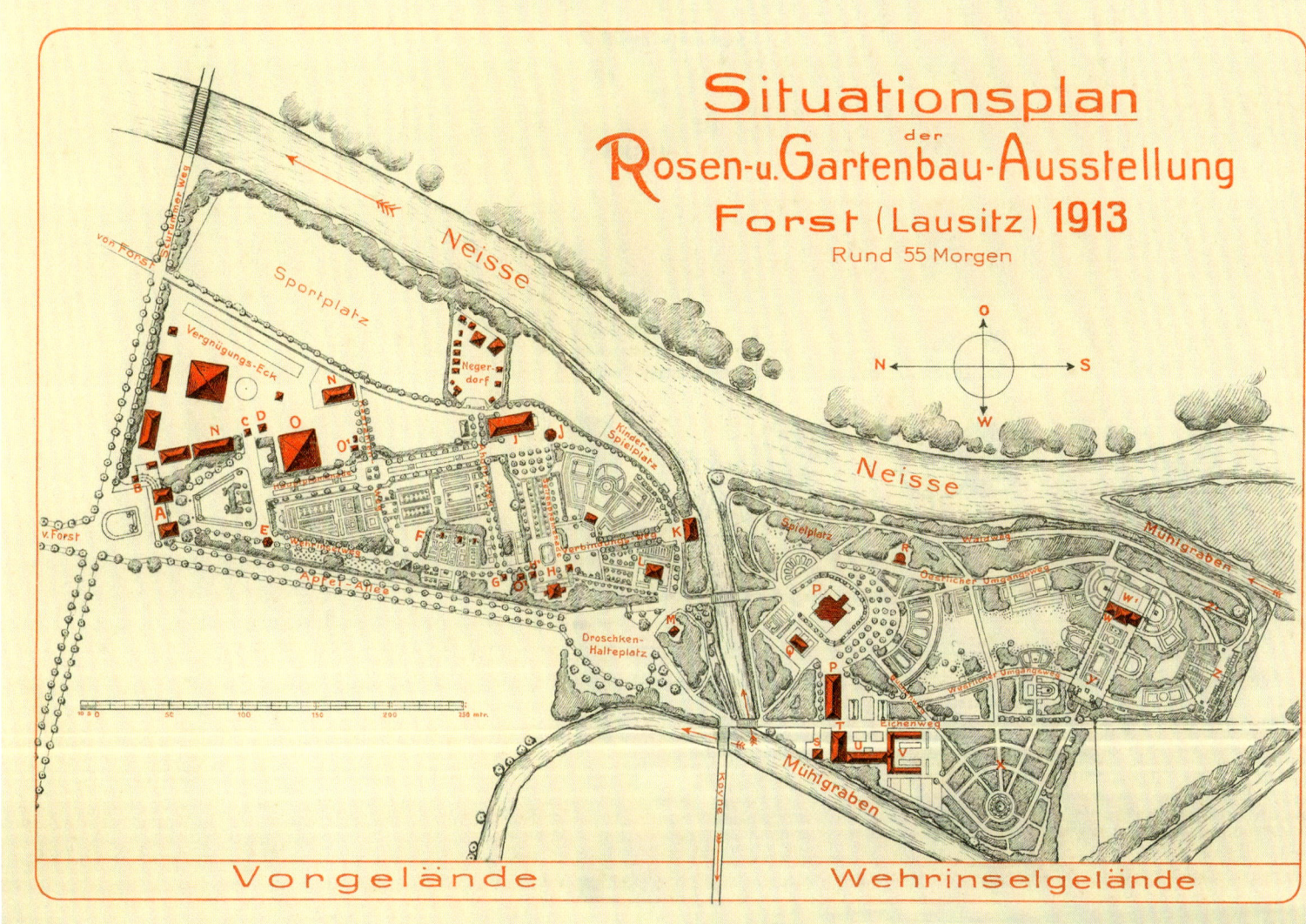

Situationsplan der Rosen- und Gartenbau-
Ausstellung Forst (Lausitz) 1913.

*Plan sytuacyjny Wystawy Róż i Ogrodnictwa
w Forst (Lausitz) w roku 1913.*

Süden führt, erwarteten den Besucher seit 1913 Vergnügen, Genuss und lehrreicher Anschauungsunterricht auch für den Gemüse- und Obstanbau im Kleingarten. Durch den großartigen Erfolg der Rosenschau und die enorme Besucherresonanz konnten die beteiligten Vereine Ende 1913 den Magistrat der Stadt Forst überzeugen, 21.000 Rosen aus ihrem Besitz zu übernehmen sowie einen Teil der von den Vereinen bezahlten Skulpturen und Architekturen.

Nach dem Ersten Weltkrieg siedelten die Rosen langsam von der Wehrinsel um auf das »Vorgelände«. Für eine neue Präsentation der Rosenbestände wurden hier die Strukturen eines formalen Gartens gewählt, wie sie bis heute den Garten prägen und sich im Stil entschieden von dem englischen Landschaftspark auf der Wehrinsel absetzen. Die Buchs- und Thuja-Hecken und die großen Weg- und Wasserachsen erinnern an barocke Gärten. Mit dem »Neuheiten-Beobachtungsgarten« kam dem Rosengarten Forst nun eine neue Aufgabe zu. Die 40.000 Rosen, die 1938 im Forster Garten wuchsen, sollten nicht mehr nur dem Vergnügen des Rosenliebhabers dienen, sondern auch die kulturellen und wirtschaftlichen Aspekte der Rosenzucht vor Augen führen. Forst wurde wie Sangershausen, Zweibrücken und Uetersen nicht nur Rosengarten, sondern auch »Rosarium«. Das bedeutete, dass es sowohl Sammel- und Forschungsstelle für alte Rosensorten als auch Kontrollstation für die Beobachtung neuer Sorten wurde. Dem Stil der Zeit entsprechend, sollten Stammbäume und Ahnentafeln der Edelrosen und der in Deutschland anerkannten Sorten lückenlos zusammengestellt werden.

Zum 25-jährigen Bestehen des Rosengartens ertönte 1938 kein Rosen-Walzer mehr, sondern ein Rosen-Marsch, ehe der Zweite Weltkrieg begann und am Ende den Garten mit verbrannten Hecken, zerschossenen Bäumen und zerstörten Rosenstöcken zurückließ. Aber die Bürger von Forst wollten ihren Rosengarten zurückhaben. Unter großer Anteilnahme und aktiver Mithilfe der Bürgerschaft entstand er nach dem Zweiten Weltkrieg von Neuem. Er behielt seine alten Strukturen mit den Anklängen an einen Landschaftspark auf der Wehrinsel und der formalen Gliederung auf dem Vorgelände, mit

bogini kwiatów, która w otoczeniu amorków spoglądała w dół z wysokiego cokołu. Po prawej i lewej stronie długiej osi widokowej, prowadzącej z tego miejsca na południe, na zwiedzających czekały przyjemności, atrakcje oraz lekcja poglądowa poświęcona uprawie warzyw i owoców w małych ogrodach.

Dzięki wielkiemu sukcesowi wystawy róż i niesamowitej liczbie zwiedzających obu zaangażowanym stowarzyszeniom udało się pod koniec 1913 roku przekonać magistrat miasta Forst do tego, żeby przejąć od nich 21.000 róż oraz część zakupionych przez stowarzyszenia rzeźb i elementów architektury. Po I wojnie światowej róże przenoszono powoli z wyspy na „teren na stałym lądzie”. Dla nowej prezentacji róż wybrano tu struktury ogrodu formalnego, którymi do dziś się on charakteryzuje, zdecydowanie różniąc się od angielskiego ogrodu krajobrazowego na wyspie Wehrinsel. Żywopłoty z bukszpanu i tui oraz długie osie alei i obiektów wodnych przypominają ogrody barokowe. Nowym zadaniem Ogrodu Różanego stał się Obserwacyjny Ogród Nowości. 40.000 róż, które rosły w 1938 roku w ogrodzie w Forst, miało od tego momentu nie tylko sprawiać przyjemność miłośnikom róż, lecz także pozwolić na badanie aspektów kulturowych i ekonomicznych hodowli róż. Forst, podobnie jak obiekty w Sangerhausen, Zweibrücken i Uetersen, było od tego momentu nie tylko ogrodem różanym, lecz także „rozarium”. Oznaczało to, że stało się zarówno miejscem gromadzenia i badania starych odmian róż, jak i stacją kontrolną w obserwacji nowych odmian. Zgodnie ze stylem epoki zebrane miały zostać kompletne drzewa genealogiczne i tablice pochodzenia róż szlachetnych i uznanych w Niemczech odmian.

Na jubileuszu 25-lecia Ogrodu Różanego w 1938 roku, przed rozpoczęciem II wojny światowej, nie było już jednak słychać wesołego walca, lecz marsz. Po zakończeniu II wojny światowej z ogrodu pozostały jedynie spalone żywopłoty, zniszczone ostrzałem drzewa i zdewastowane krzewy róż. Jednak mieszkańcy Forst chcieli odzyskać swój ogród różany. Z dużym zaan-

Der Haupteingang der
Forster Rosen- und Garten-
bau-Ausstellung 1913;
Ansichtskarte mit Zeichnung
des Forster Künstlers
Robert Holtz.

*Wejście główne na Wystawę
Róż i Ogrodnictwa w Forst
w roku 1913; widokówka
w rysunkiem miejscowego
artysty Roberta Holtza.*

den Funktionen als Volkspark auf der einen und als Rosengarten auf
der anderen Seite des Wehrgrabens. Zwischen 1950 und 1989 fehlte
aus politischen Gründen die Bezeichnung »Ostdeutsch« im Namen
des Rosengartens. Besonderheiten und beliebte Fotomotive der
Nachkriegszeit waren die neuen Wasserspiele und die markanten, in
Form geschnittenen Rot- und Blutbuchen. Bereits 1953 konnten wieder neue Rosenzüchtungen gezeigt werden. Dafür erhielt der Forster
Rosengarten eine Sondergenehmigung für die Einfuhr von Neuzüch-
tungen aus dem Ausland. Dieser Rosengarten sollte nun eine für
Fachleute wie Liebhaber wichtige Übersicht über die bewährtesten
Rosenzüchtungen bieten und auch die populären neuen und vielblü-

*gażowaniem i aktywną pomocą mieszkańców miasta, ogród ró-
żany powstawał po II wojnie światowej od nowa. Zachował przy
tym swoje stare struktury z cechami parku krajobrazowego na
wyspie Wehrinsel i formalnym ogrodem na stałym lądzie oraz
funkcją parku ludowego po jednej i ogrodem różanym po drugiej
stronie kanału. W latach od 1950 do 1989 z powodów politycz-
nych w nazwie ogrodu różanego nie występowało słowo „wschodnioniemiecki". Do cech szczególnych i ulubionych motywów na
fotografiach z okresu powojennego należały nowe fontanny
i charakterystycznie przycinane buki zwyczajne i czerwone.
Nowe wyhodowane odmiany zostały pokazane już w 1953 roku.*

tigen Polyantha- und Floribunda-Rosen zeigen. Zum 50. Gründungsjubiläum 1963 waren die Aufräumarbeiten im Garten beendet und mit 40.000 Rosen konnte das Vorkriegsniveau des Pflanzenbestandes im Garten wieder erreicht werden. Zwischen 1958 und 1983 wurde auch der Bestand an Kunstwerken erweitert. In einer Arbeit des Bildhauers Jürgen von Woyski mit dem Titel »Leben an der Oder-Neiße-Friedensgrenze« wurde auch die Rolle der nahen Neiße als Grenzfluss thematisiert. Als einer der schönsten und bekanntesten Gärten Ostdeutschlands nennt sich der Forster Rosengarten seit 1990 mit dem 1914 vom Verein Deutscher Rosenfreunde vergebenen Ehrentitel wieder »Ostdeutscher Rosengarten«.

Jetzt begann eine grenzüberschreitende Zusammenarbeit mit den polnischen Nachbargemeinden und zum 100. Geburtstag des Forster Rosengartens wurde 2006 auf dem Vorgelände ein Jubiläumsgarten voll herrlicher Rosen gestaltet. Besonders schön sind hier die hohen Rosenbögen. Beim Durchschreiten dieser blühenden Bögen kann man Duft, Farbe und Schönheit der Blüten auf Augen- und Nasenhöhe bewundern. 2013 wurde auch in enger Abstimmung mit dem Denkmalschutz eine Replik des Kaskadenbrunnens wieder aufgestellt, der 1913 auf der Wehrinsel ein Lieblingsziel der Besucher gewesen war. Zur Vorstellung eines paradiesischen Rosengartens gehört das Plätschern von Wasser, wie es die restaurierten Wasserspiele mit ihren unterschiedlichen Fontänen und Strahlen in der Mitte des Gartens bieten. Zwischen beiden liegt der »Garten der prämierten Schönheiten«, deren Bewunderung sich kein Besucher entgehen lassen sollte. In diesem Meer von Farbe, Duft und Blütenformen, von Rosen, die klettern, kriechen, Bögen formen und wie Kaskaden fallen, als Büsche wachsen, zu Kugeln geformt und auf Stämmchen gezogen werden, sollte jeder Gast des Rosengartens so lange verweilen, bis er seine ganz persönliche Lieblingsrose gefunden hat.

»Auf zur Rosenblüte nach Forst«, dieser Wahlspruch von 1923 gilt noch immer!

W tym celu Ogród Różany w Forst otrzymał specjalne zezwolenie na import nowych odmian z zagranicy. Ogród różany miał teraz oferować specjalistom i miłośnikom róż przegląd najbardziej sprawdzonych odmian i prezentować popularne nowe wielokwiatowe polianty i floribundy. Na jubileusz 50-lecia ogrodu w 1963 roku ukończono prace porządkowe i powrócono do poziomu sprzed wojny, czyli do 40.000 róż. W latach 1958 do 1983 poszerzono także zasoby dzieł sztuki. W pracy rzeźbiarza Jürgena von Woyskiego pod tytułem „Życie na granicy pokoju na Odrze i Nysie" podjęty został także temat roli Nysy jako rzeki granicznej. Ten jeden z najpiękniejszych i najbardziej znanych ogrodów wschodnich Niemiec powrócił w 1990 roku do nazwy honorowej nadanej mu w 1914 roku przez Stowarzyszenie Niemieckich Miłośników Róż i nazywa się ponownie „Wschodnioniemieckim Ogrodem Różanym".

Rozpoczęła się transgraniczna współpraca z polskimi gminami sąsiedzkimi, a na 100-lecie Ogrodu Różanego w Forst utworzono pełen wspaniałych róż Ogród Jubileuszowy. Szczególnie piękne są tu wysokie różane arkady. Podczas spaceru można podziwiać zapach, kolor i piękno kwiatów na wysokości oczu i nosa. W roku 2013 ustawiono również w porozumieniu z urzędem ochrony zabytków replikę fontanny kaskadowej, która była w 1913 roku ulubionym celem gości na wyspie Wehrinsel. Do obrazu rajskiego ogrodu różanego należy także plusk wody, na przykład taki, jaki oferują odrestaurowane wodotryski z różnymi fontannami i strumieniami, znajdujące się w środku ogrodu. Pomiędzy nimi leży „Ogród Nagrodzonych Piękności", który musi zobaczyć każdy gość ogrodu. W tym morzu kolorów, zapachów i form kwiatowych róż, które się pną, płożą, tworzą arkady i opadają jak kaskady, rosną jak krzew, formowane są w kule i formy pienne, każdy gość Ogrodu Różanego powinien się zanurzyć i pozostać tu tak długo, aż znajdzie swoją osobistą ulubioną różę.

„Ruszaj na kwitnące róże do Forst" – to hasło z 1923 roku nie straciło nic na aktualności!

Der Eingang mit dem Flora-
brunnen zwischen kegelförmigen
Taxusbäumen.

*Wejście z Fontanną Flory
pomiędzy stożkowymi cisami.*

Hohe Rosenbögen
im Jubiläumsgarten.

*Wysokie arkady różane
w Ogrodzie Jubileuszowym.*

Spalier aus duftenden Rosenbögen.
Szpaler pachnących arkad różanych.

Die Blautöne des Salbei als raffinierter
Kontrast zu den Farben der Rosen.

*Niebieskie odcienie szałwii stanowią
wyrafinowany kontrast dla kolorów róż.*

Die Reliefwand *Friedensgrenze* des Bildhauers Jürgen von Woyski (1929–2000) wurde am Ende des Sichtungsgartens 1970 aufgestellt.

Płaskorzeźba Granica pokoju *rzeźbiarza Jürgena von Woyskiego (1929–2000) została ustawiona na końcu Ogrodu Pokazowego w 1970 roku.

Polyantharosen vor Blutbuchen, die mit großer Gärtnerkunst beschnitten und zu Säulen geformt wurden.

Polianty na tle buków czerwonych, które zostały umiejętnie przycięte i uformowane kolumnowo.

Üppige Klematis-Blüten rahmen den Blick
auf eine Statue der Blumengöttin Flora.

Obfite kwiaty powojnika stanowią obramowa-
nie widoku na posąg bogini kwiatów Flory.

Schlangenbrunnen mit dem Wasser
schöpfenden Knaben vom Cottbuser
Bildhauer Walter Adler, 1912 geschaffen
und rekonstruiert im Jahre 1995/96.

Fontanna z wężami i chłopcem czerpiącym
wodę autorstwa rzeźbiarza z Cottbus, Waltera
Adlera, wykonana w roku 1912 i zrekonstruo-
wana w latach 1995/96.

Die Wasserspiele im Rosengarten von Forst wurden nach dem historischen Vorbild von 1913 wieder rekonstruiert und die einzelnen Kaskaden können nachts beleuchtet werden.

Fontanny w Ogrodzie Różanym w Forst zostały zrekonstruowane według wzorców historycznych z 1913 roku. Niektóre kaskady mogą być w nocy podświetlone.

Die sanft plätschernden Wasserspiele im Rosengarten von Forst, nach ihrem Umbau im Jahre 2003.

Łagodnie pluskające fontanny w Ogrodzie Różanym w Forst, po przebudowie w roku 2003.

208

Der *Teschendorffgarten*, ist ein Teil des Forster Rosengartens, der aus der Grundungszeit erhalten geblieben ist und dem Andenken des Rosenzüchters Victor Teschendorff (1877–1960) gewidmet ist.

Ogród Teschendorffa jest zachowaną częścią Ogrodu Różanego w Forst, pochodzącą z okresu jego założenia. Ogród ten upamiętnia hodowcę róż Victora Teschendorffa (1877–1960).

Der rekonstruierte Löwenbrunnen des Forster Bildhauers Wilhelm Peest im landschaftlich gestalteten Teil am Rosenhof auf dem Wehrinselgelände in Forst.

Zrekonstruowana Fontanna z Lwami rzeźbiarza z Forst, Wilhelma Peesta w części krajobrazowej przy Różanym Dziedzińcu na Wyspie Wehrinsel w Forst.

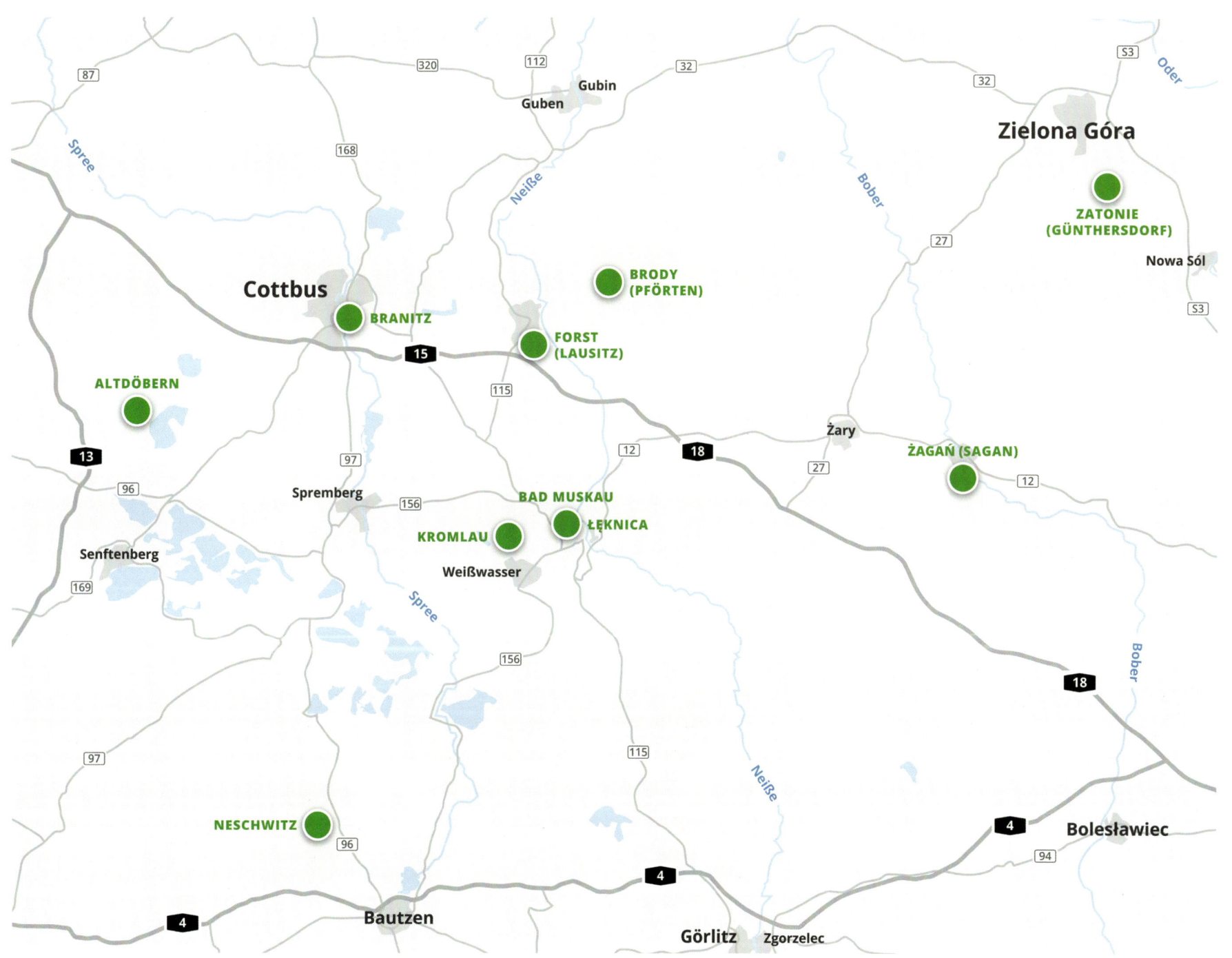

EUROPÄISCHER PARKVERBUND LAUSITZ
EUROPEJSKI ZWIĄZEK PARKÓW ŁUŻYCKICH

Europäischer Parkverbund Lausitz
Geschäftsstelle
Biuro Europejskiego Związku Parków
Łużyckich
c/o Stiftung Fürst-Pückler-Museum
Park und Schloss Branitz
Robinienweg 5
DE-03042 Cottbus

Telefon: +49 355 7515 221
Telefax: +49 355 7515 230
info@parkverbund.eu
www.parkverbund.eu

www.facebook.com/parkverbund.eu
www.instagram.com/parkverbund.eu/
twitter.com/parkverbundEU

Visit Zielona Góra
Tourist-Information
ul. Stary Rynek 1
PL-65-067 Zielona Góra

Telefon: +48 68 323 22 22
Facebook: @visitzielonagora
Instagram: @visitzielonagora
Web: www.cit.zielona-gora.pl

Park und Schloss Neschwitz	*Park i Pałac Neschwitz*
Schlosspark Brody (Pförten)	*Park Przypałacowy w Brodach*
Muskauer Park Bad Muskau/Łęknica	*Park Mużakowski w Łęknicy/Bad Muskau*
Park und Schloss Branitz	*Park i Pałac Branitz*
Herzoglicher Park Zatonie (Günthersdorf)	*Park Kisążęcy Zatonie*
Schlosspark Żagań (Sagan)	*Park Pałacowy w Żaganiu*
Rhododendronpark Kromlau	*Park Rododendronów Kromlau*
Schlosspark Altdöbern	*Park Przypałacowy w Altdöbern*
Ostdeutscher Rosengarten Forst (Lausitz)	*Wschodnioniemiecki Ogród Różany w Forst (Lausitz)*

Kochsteich

Schloss
Neschwitz

Schloss-
teich

Pfarrteich

Schwanen-
teich

Kamenzer Straße

Bautzener Straße

Ihr Standort

Sichtachsen

Eiszeitpfad Neschwitz

Spielplatz

BAROCKSCHLOSS UND PARK NESCHWITZ
BAROKOWY PAŁAC I PARK NESCHWITZ

Park und Schloss Neschwitz
Tourismusbüro der
Gemeinde Neschwitz

Park 4
DE-02699 Neschwitz

Telefon: +49 35933 -32669/-3860
tourismus@neschwitz.de
www.neschwitz.de

Park i Pałac Neschwitz
Informacja Turystyczna
Gminy Neschwitz

Park 4
DE-02699 Neschwitz

Telefon: +49 35933 -32669/-3860
tourismus@neschwitz.de
www.neschwitz.de

Historisches im Schlosspark	*Obiekty historyczne w Parku*
1 Altes Schloss (Barockschloss)	*Stary Pałac (Pałac Barokowy)*
2 Herrenpavillon	*Pawilon Panów*
3 Bade- und Küchenpavillon	*Pawilon Kąpielowo-Kuchenny*
4 Archivpavillon	*Pawilon Archiwalny*
5 Theaterpavillon (ehem. Standort)	*Pawilon Teatralny (dawna lokalizacja)*
6 Neues Schloss	*Nowy Pałac*
7 Blaues Tor	*Niebieska Brama*
8 Obelisk	*Obelisk*
9 Granitplatte mit Inschrift	*Płyta granitowa z inskrypcją*
10 Balustrade mit Sandstein-figuren *Atalante* und *Meleager*	*Balustrda z piaskowcowymi rzeźbami* Atalanty i Meleagra
11 Springbrunnen mit Sandsteinputten	*Fontanna i piaskowcowymi amorkami*
12 Parkeingang – schmiedeeisernes Tor mit 2 barocken Torhäuschen	*Wejście do parku – kuta żeliwna brama z 2 barokowymi domkami bramnymi*
13 Radkreuzstein	*Kamień z krzyżem*
14 Dorfkirche	*Kościół*
15 Pfarrhaus	*Plebania*
16 Jagdpavillon	*Pawilon Myśliwski*
17 Rittergut	*Dobra rycerskie*
18 Herrschaftliches Erbbegräbnis	*Mauzoleum*

Erlebnisse im und am Schlosspark	*Atrakcje w Parku i wokół Parku*
I Tourismusbüro, öffentliches WC, Standesamt, Förderverein Sächsische Vogelschutzwarte	*Biuro Turystyczne, toaleta publiczna USC, stowarzyszenie parkowe Saksońska Stacja Ornitologiczna*
II Eiscafé	*Kawiarnia z lodziarnią*
III Ausstellung »Lebenswege – Zeitenwenden; die Familie Vietinghoff-Riesch auf Schloss Neschwitz«, Gartensaal für Hochzeiten und Konzerte, »Kleine Galerie«	*Wystawa „Życiowe drogi na przełomie czasów – rodzina Vietinghoff-Riesch w Pałacu Neschwitz", Sala Ogrodowa na wesela i koncerty, „Mała Galeria"*
IV Ausstellung »Neschwitzer Vogelschutzpavillon«, Sächsische Vogelschutzwarte BFUL	*Wystawa „Pawilon Ochrony Ptaków w Neschwitz", Saksońska Stacja Ornitologiczna BFUL*
V Naturschutzstation Neschwitz	*Stacja Ochrony Przyrody Neschwitz*
VI Pflegestation für verletzte Wildvögel	*Ośrodek Rehabilitacji dla Rannych Ptaków*
VII Start »Eiszeitpfad Neschwitz«	*Start ścieżki edukacyjnej „Epoka Lodowcowa"*
VIII Start »Unkenpfad« Neschwitz	*Start ścieżki edukacyjnej „Ścieżka Kumaków"*
IX Spielplatz	*Plac zabaw*
X Naturschutzgebiet Auenwäldchen	*Rezerwat przyrody „Lasek łęgowy"*
XI Heimatmuseum Neschwitz	*Muzeum Regionalne Neschwitz*
XII Jugendherberge	*Schronisko młodzieżowe*

↖ Richtung Gubin (Guben)

↗ Richtung Zielona Góra (Grünberg)

↙ Richtung Forst (Lausitz)

SCHLOSSPARK BRODY (PFÖRTEN)
PARK PRZYPAŁACOWY W BRODACH

Schlosspark Brody (Pförten)

Plac Zamkowy 9
PL-68-343 Brody
promocja@brody.pl
www.pfoerten.wordpress.com

Gemeindebüro Brody (Pförten)
Telefon: +48 68 371 2155
gmina@brody.pl
www.brody.pl

Park Przypałacowy w Brodach

Plac Zamkowy 9
PL-68-343 Brody
promocja@brody.pl
www.pfoerten.wordpress.com

Urząd Gminy Brody (Pförten)
Telefon: +48 68 371 2155
gmina@brody.pl
www.brody.pl

1	Forster Tor	*Brama Zasiecka*
2	Brühlsches Schloss	*Pałac Brühla*
3	Schlosspark	*Park Przypałacowy*
4	Kirche	*Kościół Poewangelicki*
5	Orangerie	*Oranżeria*
6	Sarkophag	*Sarkofag*
7	Parksee	*Jezioro Parkowe*
8	Christinenruh	*Ustronie Krystyny*
9	Zentrum für Natur- und Waldpädagogik	Ośrodek Edukacji Przyrodniczo-Leśnej

Äußerer Park *Park Zewnętrzny*

49 Baumschule *Szkółki/Ogrodnictwo*
50 Fasanerie *Bażantarnia*
51 Braunsdorfer Felder *Pola Bronowickie*
52 Braunsdorfer Vorwerk *Folwark Bronowicki*
53 Altköbeln *Stary Kobielin*
54 Belvedere *Belweder*
55 Grünzug zum Arboretum
   Zielony Dukt do Arboretum
56 Arboretum *Arboretum*

Badepark *Park Zdrojowy*

57 Villa Bellevue *Willa »Bellevue«*
58 Badehaus und Villa Pückler
   Łaźnia i Willa Pücklera
59 Garten der Trinkgalerie
   Ogród wokół pijalni
60 Talgarten *Ogród w dolinie*
61 Turmvilla und Villa Caroline
   Willa z Basztą i Willa Karolina
62 Haltepunkt Waldeisenbahn
   Przystanek kolejki leśnej

Bergpark *Park Górski*

63 Bockkellerwiese *Łąka „Bockkeller"*
64 Rote Brücke *Most Czerwony*
65 Kirchruine *Ruiny kościoła we wsi Berg*
66 Riesengebirgsblick *Widok na Karkonosze*
67 Brucksch-Blick *Widok Bruckscha*
68 Weinberg *Winnica*
69 Weinberghaus *Domek w Winnicy*
70 Wiesera *Staw Wiesera*
71 Unterer Bergpark
   Dolna część Parku Górskiego

← besondere Aussichten
   szczegolne widoki

🌳 historischer Eichenstandort
   historyczne usytuowanie dębu

breite, gut ausgebaute Wege
szerokie drogi o dobrej nawierzchni

breite, grob- oder unbefestigte Wege
szerokie drogi zgrubnie utwardzone lub nieutwardzone

noch unausgebaute, historische Wege
historyczne, jeszcze nieumocnione drogi

schmale, gut ausgebaute Wege
wąskie drogi o dobrej nawierzchni

schmale, grob- oder unbefestigte Wege
wąskie drogi zgrubnie utwardzone lub nieutwardzone

Karte Mapa: Therese Schneider, Berlin

N

Meter
0 100 200 300 400 500

UNESCO-WELTERBE MUSKAUER PARK
OBIEKT ŚWIATOWEGO DZIEDZICTWA UNESCO PARK MUŻAKOWSKI

Stiftung »Fürst-Pückler-Park Bad Muskau«
Fundacja Parku księcia Pücklera w Bad Muskau

Tourismuszentrum Muskauer Park
Centrum Turystyczne Parku Mużakowskiego

Neues Schloss / *Nowy Zamek*
DE-02953 Bad Muskau

Telefon: +49 35771 63100
info@muskauer-park.de
www.muskauer-park.de

Institut für Nationales Erbe
Narodowy Instytut Dziedzictwa Pracownia
Terenowa Park Mużakowski w Łęknicy
Informationspavillon
Pawilon Informacyjny

ul. Wybrzeżna 25
PL-68-208 Łęknica

Telefon: +48 68 362 4182
pracownia.leknica@nid.pl
www.nid.pl

Schlossensemble *Zespół Parkowy*

1 Neues Schloss *Nowy Zamek*
2 Altes Schloss *Stary Zamek*
3 Kavaliershaus *Dom Kawalera (Gościnny)*

Blumengärten *Ogrody Kwiatowe*

4 Schlossgarten *Ogród Zamkowy*
5 Blauer Garten *Ogród Niebieski*
6 Herrengarten *Ogród Pański*

Pleasureground *Pleasureground*

7 Schlosswiese *Łąka Zamkowa*
8 Schlossbrücke *Most Zamkowy*
9 Rhododendrontal *Dolina Rododendronu*
10 Gloriette *Pawilon »Glorieta«*
11 Luciesee *Jezioro Lucie*
12 Karpfenbrücke und Wasserfall
   Most Karpi i Wodospad
13 Schlossvorwerk *Folwark Zamkowy*
14 Orangerie *Oranżeria*
15 Schlossgärtnerei *Ogrodnictwo Zamkowe*

Zentraler Park *Park Centralny*

16 Hermannsneiße *Nysa Hermanna*
17 Promenadenweg *Promenada*
18 Neißeweg *Droga nad Nysą*
19 Neißedamm *Grobla nad Nysą*
20 Tränenwiese *Łąka Łez*
21 Verbindungsweg *Dukt*
22 Eichberg *Góra Dębów*
23 Eichsee *Jezioro Dębów*
24 Eichseebrücke
   Most na Jeziorze Dębów
25 Eichseewasserfall
   Wodospad na Jeziorze Dębów
26 Weltende *Koniec Świata*
27 Doppelbrücke *Most Podwójny*
28 Pücklerstein *Kamień Pücklera*
29 Prinzenbrücke *Most Książęcy*
30 Clementineneiche *Dąb Klementyny*
31 Hermannsruh
   Miejsce Odpoczynku Hermanna
32 Helminenweg *Droga Helminy*

33 Sarah's Walk *Ścieżka Sary*
34 Brücke über Sarah's Walk
   Wiadukt nad Ścieżką Sary
35 Grab des Unbekannten
   Grób Nieznanego
36 Viadukt am Herrenberg
   Wiadukt na Pańskiej Górze
37 Herrenberg *Pańska Góra*
38 Mausoleum *Mauzoleum*
39 Cara's Pfad *Ścieżka Cary*
40 Marienberg *Góra Maryjna*
41 Wehreichenblick *Widok na Jaz*
42 Goldene Höhe *Złote Wzgórze*
43 Hermannseiche *Dąb Hermanna*
44 Englisches Haus *Domek Angielski*
45 Englische Brücke *Most Angielski*
46 Zigeunerblick *Widok Cygański*
47 Fredablick *Widok Fredy*
48 Eichensteg *Kładka Dębowa*

Richtung
Cottbuser Ostsee

Richtung
Cottbus Altstadt

Branitzer Siedlung

Vorpark

Spreeauen-
park

Innenpark

Außenpark

Fasanerie

Tierpark

Eichelweg

Große Wiese

Ehemaliges
Parkziegelei

Dorf Branitz

Englische Allee

Richtung
Bad Muskau
Autobahn A15
Berlin, Dresden

Südliches Wohnungsbau

Branitzer Heide

0   100   200   300   400   500 m

Karte *Mapa*: Robert M. Jurga, Zielona Góra

PARK UND SCHLOSS BRANITZ
PARK I PAŁAC BRANITZ

Stiftung Fürst-Pückler-Museum
Park und Schloss Branitz

Besucherzentrum
in der Gutsökonomie

Robinienweg 5
DE-03042 Cottbus

Telefon: +49 355 75150
info@pueckler-museum.de
www.pueckler-museum.de

*Fundacja Muzeum Księcia Pücklera,
Parku i Pałacu w Branitz*

*Centrum Obsługi Turystycznej
w budynku Folwarku*

*Robinienweg 5
DE-03042 Cottbus*

*Telefon: +49 355 75150
info@pueckler-museum.de
www.pueckler-museum.de*

1   Cottbuser Torhaus
2   Gutsökonomie –
    Besucherzentrum
3   Parkschmiede
4   Schloss, Marstall, Pergola-
    garten, Kavaliershaus
5   Schlossgärtnerei mit Baum-
    universität und Oberhaus
6   Hermannsberg
7   Landpyramide
8   Tumulus (Seepyramide)
9   Haupteingang Tierpark,
    Spreeauenpark
10 Büdnerhaus

11 Ehemaliger Branitzer
    Dorffriedhof
12 Gedenkstein Fürst Pückler
13 Zollhaus
14 Parkfamilienhäuser
15 Dickste Robinie Deutschlands
16 Muskauer Torhaus
17 Parkschänke
18 Festplatz
19 Kiekebuscher Wehr
20 Jubiläumsbrücke
21 Fortifizierte Eisenbahnbrücke

1   *Dom bramny od
    strony miasta Cottbus*
2   *Folwark –
    Centrum Turystyczne*
3   *Kuźnia parkowa*
4   *Pałac, masztalnia, ogród
    z pergolami, Dom Kawalerski*
5   *Ogrodnictwo pałacowe
    z uniwersytetem drzew
    i szklarnią*
6   *Góra Hermanna*
7   *Piramida lądowa*
8   *Tumulus (Piramida na wodzie)*
9   *Główne wejście do Ogródu
    Zoologicznego,
    parku Spreeauenpark*

10 *Dom chałupnika*
11 *Dawny cmentarz wiejski
    w Branitz*
12 *Kamień pamiątkowy Fürsta Pücklera*
13 *Komora celna*
14 *Domy robotników parkowych*
15 *Najgrubsza robinia akacjowa
    Brandenburgii*
16 *Mużakowski dom bramny*
17 *Wyszynk parkowy*
18 *Plac występowy*
19 *Jaz Kiekebusch*
20 *Most Jubileuszowy*
21 *Ufortyfikowany most kolejowy*

Ⓟ Parkplatz
🍴 Gastronomie
🚌 Haltepunkt Pücklerlinie
🚃 Haltepunkt Parkeisenbahn

Ⓟ *Parking*
🍴 *Gastronomia*
🚌 *Przystanek linii Pücklera*
🚃 *Przystanek kolejki parkowej*

Karte *Mapa*: Michał Suffczyński

HERZOGLICHER PARK ZATONIE (GÜNTHERSDORF)
PARK KSIĄŻĘCY ZATONIE

Visit Zielona Góra –
Touristeninformation im
Herzoglichen Park Zatonie

Zatonie – Księżnej Doroty 3
PL-66-004 Zielona Góra

Telefon: +48 780 576 841
parkzatonie@visitzielonagora.pl
www.visitzielonagora.pl
Facebook: @parkzatonie
Instagram: @park_zatonie

*Visit Zielona Góra –
Informacja Turystyczna
w Parku Książęcym Zatonie*

*ul. Zatonie – Księżnej Doroty 3
PL-66-004 Zielona Góra*

*Telefon: +48 780 576 841
parkzatonie@visitzielonagora.pl
www.visitzielonagora.pl
Facebook: @parkzatonie
Instagram: @park_zatonie*

	Parkattraktionen	*Atrakcje parku*
1	Gärtnerhaus	*Domek ogrodnika*
2	Hundetor	*Psia brama*
3	Großer Teich	*Wielki Staw*
4	Maria Insel	*Wyspa Marii*
5	Eiskeller	*Lodownia*
6	Ruine der St. Johannes Kirche	*Ruiny kościoła pw. św. Jana*
7	Skulptur des Kalydonischen Ebers	*Rzeźba dzika kalidońskiego*
8	Kleiner Teich	*Mały Staw*
9	Vorwerk*	*Folwark przypałacowy**
10	Schlossruine	*Ruiny pałacu*
11	Brunnen »Knabe mit dem Schwan«	*Fontanna z rzeźbą Chłopca z Łabędziem*
12	Orangerie / Café	*Oranżeria / Kawiarnia*
13	Kreuzbrunnen	*Fontanna treflowa*
14	Sarkophag	*Sarkofag*
15	Lindenallee	*Aleja lipowa*
16	Johanna Wiese	*Łąka Joanny*
17	Rosentempel	*Świątynia Różana*
18	Romantische Grotte	*Grota romantyczna*
19	Gut Alexanderhof*	*Folwark Alexanderhof**
20	Granitbrücke auf der Aha-Linie	*Mostek na linii aha*

	Bäume mit Namen	*Drzewa z imionami*
1	Rudolf-Esche	*Jesion Rudolfa*
2	Wilhelm-Eiche	*Dąb Wilhelma*
3	Alexander-Herzog-von-Dino-Buche	*Buk Aleksandra księcia Dino*
4	Hermann-Platane	*Platan Hermanna*
5	Maria-Pappel	*Topola Maryni*
6	Renata-Baum	*Drzewo Reny*
7	Humboldt-Platane	*Platan Humboldta*
8	Liszt-Linde	*Lipa Liszta*
9	Talleyrand-Eiche	*Dąb Talleyranda*
10	Beatrice-Linde	*Lipa Beatrice*
11	Archibald-Eiche	*Dąb Archibalda*

	Historische Granitsteine	*Kamienie historyczne*
1	Paula Linde	*Lipa Pauli*
2	Allée Rendúffe	*Aleja Rendúffa*
3	Maria Insel 1867	*Wyspa Marii 1867*
4	Alwina Brücke	*Mostek Alwiny*
5	Schulenburg's Platz	*Plac Schulenburga*
6	Johanna Wiese	*Łąka Joanny*

221

*kein Zutritt für Besucher   *obiekty niedostępne do zwiedzania

Park Pałacowy

Kępa
Ludwika

Folwark
Doroty

Bażanciarnia

MAŁY BOŻNÓW

Folwark
Pauliny

Park
Górny

BÓBR

BÓBR

SCHLOSSPARK ŻAGAŃ (SAGAN)
PARK PAŁACOWY W ŻAGANIU

Kulturpalast Żagań
Touristeninformation
ul. Szprotawska 4
PL-68-100 Żagań
Telefon: +48 68 477 10 01
it@um.zagan.pl
www.zpk.zagan.pl
www.urzadmiasta.zagan.pl

Żagański Pałac Kultury
Centrum Informacji Turystycznej
ul. Szprotawska 4
PL-68-100 Żagań
Telefon: +48 68 477 10 01
it@um.zagan.pl
www.zpk.zagan.pl
www.urzadmiasta.zagan.pl

1	Maria-Antoni-Sitz	*Miejsce Marii i Antoniego*
2	Kinder-Kleeblatt	*Liść Koniczyny*
3	Dorotheen-Aue	*Błonia Doroty*
4	Dorotheen-Ruhe	*Zacisze Doroty*
5	Marien-Insel	*Wyspa Marii*
6	Maria-Sitz	*Miejsce Marii*
7	Medems-Sitz	*Miejsce Medem*
8	Adolph-Bank	*Ławka Adolfa*
9	Günthersdorf	*Zatonie*
10	Amalien-Platz	*Miejsce Amalii*
11	Valençay-Platz	*Plac Valençay*
12	Elfen-Sitz	*Miejsce Elfów*
13	Clara-Hütte	*Domek Klary*
14	Haugwitz-Platz	*Plac Haugwitza*
15	Stolberg-Sitz	*Miejsce Stolberga*
16	Peter-Höhe	*Wzgórze Piotra*
17	Leonards-Bank	*Ławka Leonarda*
18	Bohlschwing-Sitz	*Zacisze Bohlschwinga*
19	Hermann-Sitz	*Zacisze Hermanna*
20	Grüne Zelle	*Zielona Cela*
21	Dorotheen-Hain	*Gaj Doroty*
22	Elpons-Sitz	*Miejsce Elponsa*
23	Fürsten-Blick	*Książęcy Widok*
24	Cosmos	*Kosmos*
25	Wallmoden-Platz	*Plac Wallmodena*
26	Votivkreuz-Blick	*Widok od krzyża wotywnego*
27	Johanna-Blick	*Widok Joanny*
28	Schulenburg-Platz	*Plac Schulenburga*
29	Herzogliches Schloss	*Pałac Książęcy*

Karte *Mapa*: Dirk Thorausch, Gablenz

RHODODENDRONPARK KROMLAU
PARK RODODENDRONÓW KROMLAU

Rhododendronpark Kromlau
Tourist-Information Kromlau

Altes Schloss 11
DE-02953 Gablenz / OT Kromlau

Telefon: +49 3576 2228 28
info@kromlau-online.de
www.kromlau-online.de

Park Rododendronów Kromlau
Informacja Turystyczna w Kromlau

Altes Schloss 11
DE-02953 Gablenz / OT Kromlau

Telefon: +49 3576 2228 28
info@kromlau-online.de
www.kromlau-online.de

1	Herrenhaus Tourist-Information und Ferienwohnung	*Dwór Informacja Turystyczna i apartament wakacyjny*
2	Kavaliershaus und Ferienwohnungen	*Dom Kawalerski i apartamenty wakacyjne*
3	Azaleenschlucht	*Wąwoz Azalıı*
4	Basaltgruppe	*Grupa bazaltowa*
5	Rakotzbrücke	*Most Raka (Rakotzbrücke)*
6	Rhododendronschlucht	*Wąwóz Rododendronów*
7	Eichenhügel Ausssichtspunkt	*Wzgórze Dębów punkt widokowy*
8	Nixenteiche	*Stawy Rusałek*
9	Himmel und Hölle	*Niebo i Piekło*
10	Asiatische Brücke über den Inselteich	*Most Azjatycki nad stawem z wysepką*
11	Kanzel / Richterstuhl	*Ambona / Sędziowski Tron*
12	Spielplatz	*Plac zabaw*
A	Alter Englischer Garten	*Stary Ogród Angielski*
B	Neuer Englischer Garten	*Nowy Ogród Angielski*
C	Pferdegarten	*Ogród Jeździecki*

N

M

G

8

K

F

L

E

J

D

C

H

I

6

B

1

9

A

7

2

3   4

10

5

11   12

Haupteingang

Karte *Mapa*: AKANTHOS
Garten und Landschaft Susanne Richter,
Inhalt: Stefan Hohmann

SCHLOSSPARK ALTDÖBERN
PARK PRZYPAŁACOWY W ALTDÖBERN

Schlosspark Altdöbern

Amt Altdöbern

Marktstraße 1

DE-03229 Altdöbern

Telefon: +49 35434 600 13

info@amt-altdoebern.de

www.amt-altdoebern.de

Touristinformation Senftenberg

Telefon: +49 3573 1499 010

senftenberg@lausitzerseenland.de

Park Przypałacowy w Altdöbern

Związek Gmin Altdöbern

Marktstraße 1

DE-03229 Altdöbern

Telefon: +49 35434 600 13

info@amt-altdoebern.de

www.amt-altdoebern.de

Informacja Turystyczna Senftenberg

Telefon: +49 3573 1499 010

senftenberg@lausitzerseenland.de

1	Schloss	*Pałac*
2	Kavaliershaus (West)	*Oficyna (zachodnia)*
3	Kavaliershaus (Ost)	*Oficyna (wschodnia)*
4	Orangerie	*Oranżeria*
5	Gärtnerhaus	*Dom Ogrodnika*
6	Marstall/Reithalle	*Masztalnia/Ujeżdżalnia*
7	Gutshof	*Folwark*
8	Mühlruine	*Ruiny młyna*
9	Mauergarten	*Ogród przy Murze*
10	Orangeriegarten	*Ogród przy Oranżerii*
11	Gärtnerei	*Ogrodnictwo*
12	Spalierobstgarten	*Sad szpalerowy*

A	Französischer Garten	*Ogród francuski*
B	Heckentheater	*Teatr ogrodowy*
C	Witzlebenbank	*Ławka Witzlebena*
D	Großer Inselblick	*Daleki widok na wyspę*
E	Großer Salzteich	*Wielki Staw Solny*
F	Kleiner Salzteich	*Mały Staw Solny*
G	Insel	*Wyspa*
H	Gondelpavillion mit Bootssteg	*Pawilon gondolowy z przystanią*
I	Exedra (Flüsterbank)	*Eksedra („ławka szeptana")*
J	Panoramablick	*Widok panoramiczny*
K	Weißer Berg	*Biała Góra*
L	Feenhügel	*Wzgórze Wróżek*
M	Steg	*Pomost*

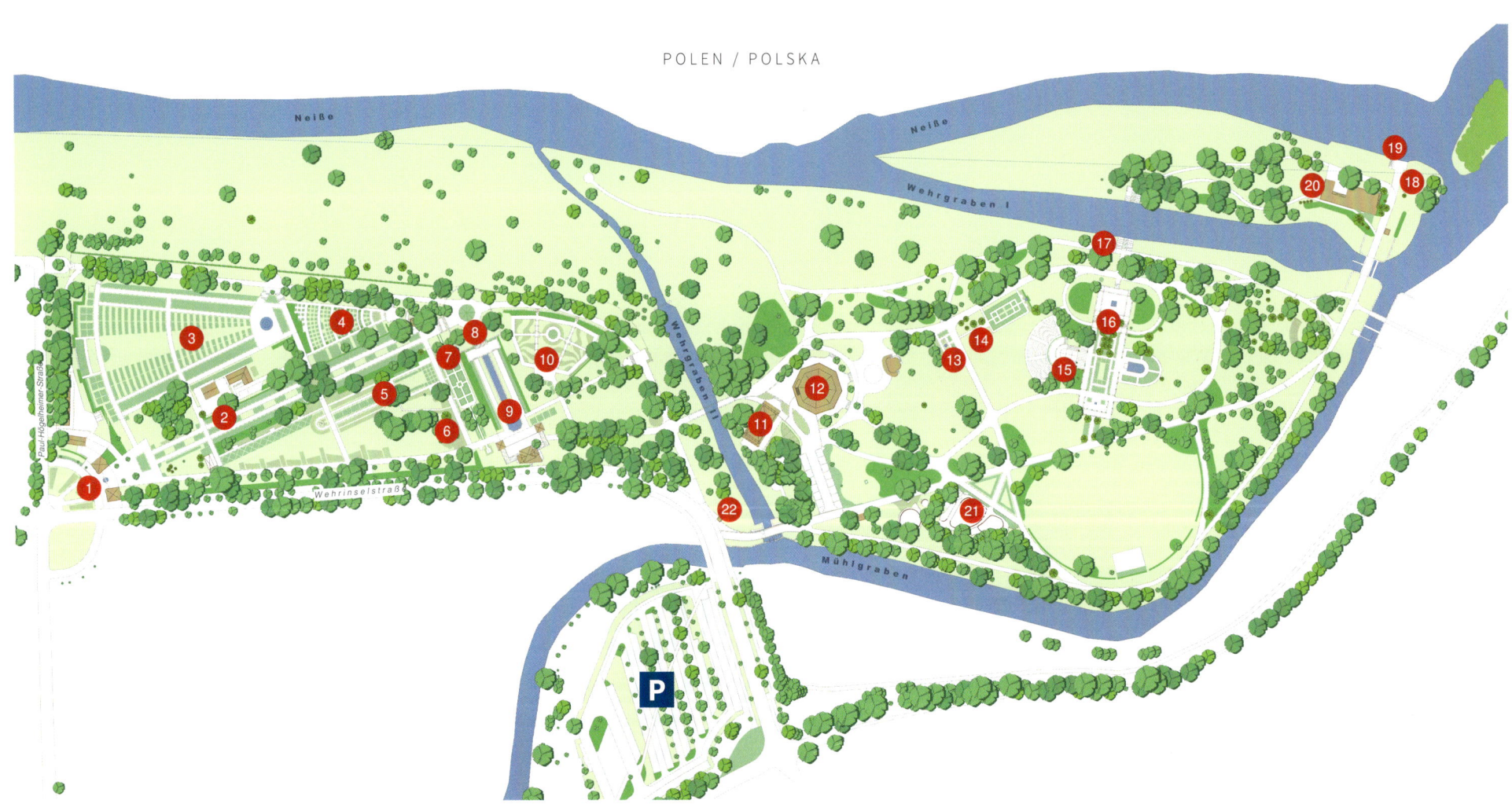

POLEN / POLSKA

Neiße

Neiße

Wehrgraben I

Wehrgraben I

Mühlgraben

Wehrinselstraße

Paul-Högelheimer-Straße

228

OSTDEUTSCHER ROSENGARTEN FORST (LAUSITZ)
WSCHODNIONIEMIECKI OGRÓD RÓŻANY W FORST (ŁUŻYCE)

Ostdeutscher Rosengarten
Forst (Lausitz)

Wehrinselstraße 42
DE-03149 Forst (Lausitz)

Telefon: +49 3562 989-350
info@rosengarten-forst.de
www.rosengarten-forst.de

Wschodnioniemiecki Ogród Różany
w Forst (Łużyce)

Wehrinselstraße 42
DE-03149 Forst (Lausitz)

Telefon: +49 3562 989-350
info@rosengarten-forst.de
www.rosengarten-forst.de

1	Eingang am Rosenbrunnen (Historischer Haupteingang)	*Wejście przy fontannie róż (Historyczne wejście główne)*
2	Hauptachse	*Oś główna*
3	Neuheitengarten mit Kaskadenbrunnen	*Ogród nowości z fontanną kaskadową*
4	Garten der prämierten Schönheiten	*Ogród nagradzanych piękności*
5	Edelrosengarten Hochstammgarten	*Ogród róż szlachetnych Ogród róż wysokopiennych*
6	Frühlings- und Heidegarten	*Ogród wiosenny i wrzosowy*
7	Teschendorffgarten	*Ogród Teschendorffa*
8	Säulenhof	*Dziedziniec z kolumnami*
9	Große Wasserspiele	*Tańczące fontanny*
10	Jubiläumsgarten	*Ogród jubileuszowy*
11	Besucher- und Ausstellungszentrum	*Centrum wystawowe i obsługi zwiedzających*
12	Veranstaltungszentrum mit Restaurant Rosenflair und Trauzimmer	*Centrum imprezowe z restauracją Rosenflair i salą ślubów*
13	Bärenbrunnen	*Fontanna z niedźwiadkami*
14	Garten der Düfte mit Schlangenbrunnen	*Ogród zapachów ze zdrojem z wężem*
15	Schillerbühne	*Scena Schillera*
16	Rosenhof mit Froschbrunnen und Löwenbrunnen	*Dziedziniec różany z fontanną z żabą i fontanną z lwem*
17	Parkterrassen	*Tarasy parkowe*
18	Grenzrose	*Róża graniczna*
19	Wehranlage mit Fischtreppe	*Jaz z przepławką dla ryb*
20	Wildrosengelände	*Obszar dzikiej róży*
21	Dornröschen-Spielplatz	*Plac zabaw „Park Śpiącej Królewny"*
22	Eingang Wehrinsel	*Wejście od strony Wehrinsel*

LITERATURAUSWAHL / WYBÓR LITERATURY

NESCHWITZ

Ragnhild Kober-Carriere, *Beschreibung und Begründung des Gartendenkmals Schlosspark Neschwitz*, in: Landesamt für Denkmalpflege Sachsen, 2014

Orangeriekultur in Sachsen, Schriftenreihe des Arbeitskreises Orangerie in Deutschland, Band 12, 2015

BRODY (PFÖRTEN)

Claudius Wecke und Sven Zuber, *Schloss und Park Pförten/Brody*, in: *Schlösser und Gärten der Mark*, Heft 8, 2011

Michaela Zuber, *Heinrich Graf von Brühl und die Herrschaft Forst-Pförten*, Forst, 2003

Rudolf Schröder und Claudius Wecke, *Das Parkseminar*, Hrsg. Landesverein Sächsischer Heimatschutz e. V. und Europäischer Parkverbund Lausitz, Dresden, 2013

Claudius Wecke und Sven Zuber, *Brühls Standessitz Schloss und Park Pförten (Brody)*, in: *Friedrich der Große und Graf Brühl, Geschichte einer Feindschaft*, Hrsg. Stiftung Fürst-Pückler-Museum Park und Schloss Branitz für den Europäischen Parkverbund Lausitz, 2012, S. 35–47

MUSKAU

Fürst Hermann von Pückler-Muskau, Andeutungen über Landschaftsgärtnerei, Stuttgart, 1834

Cord Panning und Astrid Roscher, *Muskau – Naturmalerei an der Neiße* in: Stiftung Fürst Pückler Park Bad Muskau (Hrsg.): *Fürst Pückler, Parkomanie in Muskau und Branitz*, Hamburg/Berlin 2006

Heinz Ohff, *Der Grüne Fürst*, München, 2007

BRANITZ

Ludmilla Assing, *Fürst Hermann von Pückler-Muskau, Eine Biographie*, Berlin, 1874

Parkomanie, Die Gartenlandschaften des Fürsten Pückler in Muskau, Babelsberg und Branitz, Hrsg. Kunst- und Ausstellungshalle der Bundesrepublik Deutschland, Bonn, 2016

150 Jahre Branitzer Park, Garten-Kunst-Werk, Wandel und Bewahrung, 1996

Gert Streidt / Hans Bach, *Park und Schloss Branitz*, Berlin, 2014

ZATONIE (GÜNTHERSDORF)

Günter Erbe, *Dorothea Herzogin von Sagan. Eine deutsch-französische Karriere*, Köln, Weimar und Wien, 2009

Jarosław Skorulski (Hrsg.), *Die Chroniken der Herzogin von Dino. Aufzeichnungen aus Günthersdorf aus den Jahren 1840–1861*, Zielona Gorá, 2021

ŻAGAŃ (SAGAN)

Katarzyna Adamek-Pujszo, *Dorothée von Dino-Talleyrand in Sagan*; in: Klaus Hofmann (Hrsg.), *Die Herzogin von Kurland im Spiegel ihrer Zeit*, Buirg Posterstein, 2011, S. 182–189

Cord Panning, *Im Schnittpunkt der Einflusssphären der Lenné-Meyerschen und der Muskauer Schule: Der Schlosspark in Sagan/Zagan im 19. Jahrhundert*; in: Marcus Köhler und Christoph Haase, *Die Gärten Peter Joseph Lennés im heutigen Polen*, Wettin-Löbejün OT Dößel, 2016, S. 55–77

Oskar Teichert, *Der Herzogliche Park zu Sagan. Ein Wegweiser für Fremde*, Sagan und Sprottau, 1858

KROMLAU

Adolf Aisch, *Die Geschichte des evangelischen Kirchspiels in Gablenz*, Görlitz, 1909

Thomas Bauer und Jörg Lauterbach, *Die Kromlauer Parkarchitekturen am Rakotzsee*, in: *Die Gartenkunst*, Heft 2/2021, Worms, Seite 297–324

Georg Wilhelm Eugen Eichler, *Der Park zu Kromlau*, in: *Möller's Deutsche Gärtner-Zeitung*, 24/1908, Seite 284–286

Kathrin Franz und Rudolf Schröder, *Rhododendronpark Kromlau, Parkführer*, Gablenz, 2010

Gemeinde Gablenz (Hrsg.), *Rakotz-Ensemble, Sanierung einer romantischen Parkwelt 2018–2021*, Gablenz, 2021

ALTDÖBERN

Peter-Michael Hahn und Hellmut Lorenz, *Herrenhäuser in Brandenburg und der Niederlausitz*, Kommentierte Neuausgabe des Ansichtenwerks von Alexander Duncker (1857–1883), Band 2, Berlin, 2000

Martin Schuster und Thomas Ketelsen (Hrsg.), *Carl Heinrich von Heineken in Dresden und auf Schloss Altdöbern*, Dresden, 2018

Folkwart und Folkwin Wendland, *Gärten und Parke in Brandenburg*, Band IV, Berlin, 2015

FORST

Jan Klußmann, (Hrsg.), *Der Ostdeutsche Rosengarten*, Berlin-Brandenburg, 2013

MARINA HEILMEYER

Die Kunsthistorikerin Marina Heilmeyer ist vor allem für das Botanische Museum in Berlin tätig. Sie hat zahlreiche Ausstellung zu botanischen Themen aus kunsthistorischer Sicht betreut und eine Reihe wichtiger Publikationen zu diesem Themenkreis vorgelegt.

STEFAN KÖRNER

Der deutsch-österreichische Kunsthistoriker war Direktor der Esterházy Privatstiftung Eisenstadt (AT) und ist seit 2020 Vorstand der Stiftung Fürst-Pückler-Museum Park und Schloss Branitz. Er forschte und publizierte zu den schönen und nützlichen Forstplantagen des Fürsten Aloys I. von und zu Liechtenstein in Eisgrub und Feldsberg (CZ) und den Gärten des Fürsten Nikolaus II. Esterházy in Ungarn, Österreich und Süddeutschland.

GERT STREIDT

Der Kulturwissenschaftler arbeitete viele Jahre in leitenden Positionen bei der Stiftung Preußische Schlösser und Gärten Berlin-Brandenburg, war Gründungsdirektor des Hauses der Brandenburgisch-Preußischen Geschichte in Potsdam und leitete von 2008 bis 2019 die Stiftung Fürst-Pückler-Museum Park und Schloss Branitz. 2010 gehörte er zu den Gründungsmitgliedern des Europäischen Parkverbunds Lausitz. Zahlreiche Publikationen zur brandenburgisch-preußischen Kultur- und Kunstgeschichte.

LEO SEIDEL

Ausbildung zum Fotodesigner am Lette-Verein Berlin bei Roger Melis. Er lebt in Berlin und arbeitet seit 2002 als freischaffender Fotograf für diverse Verlage, Agenturen, Architekten und Stiftungen weltweit. Leo Seidel realisiert auch freie künstlerische Projekte und hat zahlreiche Bücher veröffentlicht. Seit 2004 ist er Archivfotograf bei Ostkreuz – Agentur der Fotografen.

MARINA HEILMEYER

Historyk sztuki Marina Heilmeyer pracuje przede wszystkim dla Muzeum Botanicznego w Berlinie. Zajmowała się licznymi wystawami botanicznymi z perspektywy historii sztuki wydając szereg ważnych publikacji na ten temat.

STEFAN KÖRNER

Niemiecko-austriacki historyk sztuki, były dyrektor Fundacji Prywatnej Esterházy w Eisenstadt (Austria), od 2020 roku przewodniczący Zarządu Fundacji Muzeum Księcia Pücklera „Park i Pałac" w Branitz. Prowadził badania naukowe i wydał publikacje na temat pięknych i użytecznych plantacji leśnych księcia Alojzego I von und zu Liechtenstein w Lednicach i Valticach (Czechy) oraz ogrodów księcia Mikołaja II Esterházy'ego na Węgrzech, w Austrii i południowych Niemczech.

GERT STREIDT

Kulturoznawca pracujący od wielu lat na kierowniczych stanowiskach w Fundacji Pruskich Pałaców i Ogrodów Berlina-Brandenburgii. Był dyrektorem-założycielem Domu Historii Brandenbursko-Pruskiej w Poczdamie i kierował w latach 2008–2019 Fundacją Muzeum Księcia Pücklera „Park i Pałac" w Branitz. W roku 2010 należał do członków-założycieli Europejskiego Związku Parków Łużyckich. Autor licznych publikacji na temat historii kultury i sztuki brandenbursko-pruskiej.

LEO SEIDEL

Zdobył wykształcenie jako fotodesigner w Stowarzyszeniu Lette w Berlinie pod kierunkiem Roger Melisa. Mieszka w Berlinie i od 2002 roku pracuje jako samodzielny fotograf dla różnych wydawnictw, agencji, architektów i fundacji. Leo Seidel realizuje również własne projekty artystyczne i opublikował wiele albumów. Od 2004 roku jest fotografem-archiwistą w Agencji Fotografów Ostkreuz.

Die Edition Braus ist eine Marke der
Aufbau Verlage GmbH & Co. KG

© Aufbau Verlage GmbH & Co. KG, Berlin 2022
www.editionbraus.de

© für die Fotografien *Fotografie*:
Leo Seidel, Berlin

© für die Texte *Teksty*:
Marina Heilmeyer, Berlin
Stefan Körner, Branitz
Gert Streidt, Cottbus

© für die Abbildungen auf Seite *Ilustracje na stronie*:
22, 24: Dresden, Landesamt für Denkmalpflege
Sachsen, Foto: Wolfgang Junius; 44: Brandenburgi-
sches Landesamt für Denkmalpflege und Archäolo-
gisches Landesmuseum, Bildarchiv; 46: Archiv Ernst;
66: Sammlung der Stiftung »Fürst-Pückler-Park Bad
Muskau«; 68: Stiftung Fürst-Pückler-Museum Park
und Schloss Branitz; 88: Leihgabe Erbengemein-
schaft Fürst Pückler in Branitz bei der Stiftung
Fürst-Pückler-Museum Park und Schloss Branitz
(SFPM); 90: Leihgabe Gräfliche Familie von Pückler,
München bei der SFPM; 110: SFPM; 112: Stiftung
Preußische Schlösser und Gärten Berlin-Brandenburg, Foto: Daniel Lindner; 130: SFPM; 132: Öster-
reichische Nationalbibliothek Wien; 152: Gemeinde
Gablenz; 154: bpk / Bayerische Staatsgemälde-
sammlungen; 172: Dresden, Landesamt für Denk-
malpflege Sachsen, Foto: Wolfgang Junius; 174: Carl
Heinrich von Heineken Gesellschaft e.V., Foto:
Michael Kretzschmar 2020; 194, 196: Stadt Forst
(Lausitz), Stadtarchiv

Wir danken dem Landesamt für Denkmalpflege
Sachsen und der Carl Heinrich von Heineken
Gesellschaft e.V. für die freundliche Überlassung
der Abbildungsvorlagen.
*Dziękujemy Krajowemu Saksońskiemu Urzędowi
Ochrony Zabytków i Towarzystwu im. Carla Heinricha
von Heinekena za przekazanie zdjęć.*

Übersetzung ins Polnische *Tłumaczenie na j. polski*:
Jerzy Bielerzewski, Zielona Góra

Projektsteuerung *Nadzór nad projektem*:
Europäischer Parkverbund Lausitz
Europejski Ziwązek Parków Łużyckich
Gert Streidt

Projektleitung Verlag *Redaktor wydawniczy*:
Jochen Stamm

Lektorat Polnisch *Redakcja polska*:
Jerzy Bielerzewski, Zielona Góra

Gestaltung und Herstellung *Projekt i produkcja*:
typodesignbüro, Uta Thieme, Berlin

Lithografie *Litografia*:
Bildpunkt Druckvorstufen GmbH, Berlin

Druck und Bindung *Druk i oprawa*:
Grafisches Centrum Cuno, Calbe

ISBN 978-3-86228-234-0

Umschlagabbildungen *Ilustracje na okładce*
Vorderseite *Przód*: Blick über den See vor dem Schloss
Branitz, wo auf einer kleinen Insel die »Venus von
Capua« steht und auf der Wiese jenseits des Wassers
die Rosenlaube mit der Büste der Sängerin Henriette
Sontag grüßt. / *Widok na jezioro przed Pałacem Branitz,
gdzie na małej wysepce stoi „Wenus z Kapui", a na
łące na drugim brzegu Altana Różana z popiersiem
śpiewaczki Henriette Sontag.*
Rückseite *Tył*: von links nach rechts: Details aus
Bildern Seite 117, 162, 140, 75, 182, 18, 56, 190 /
Od lewej do prawej: Detale ze zdjęć na stronach 117,
162, 140, 75, 182, 18, 56, 190

Seite *Strona* 2–3: Bad Muskau/Mużaków
Seite *Strona* 4–5: Zatonie (Günthersdorf)
Seite *Strona* 6–7: Brody (Pförten)

»Barrieren reduzieren –
gemeinsame Stärken nutzen.«

*„Redukować bariery –
wspólnie wykorzystywać silne strony."*

Das Projekt »Nachhaltige Stärkung und
Neuausrichtung des Europäischen Parkver-
bundes Lausitz 2021« wird durch Mittel
aus dem europäischen Kooperations-
programm INTERREG V A Brandenburg –
Polen 2014–2020 kofinanziert.

*Projekt „Trwałe wzmocnienie i nowe ukie-
runkowanie Europejskiego Związku Parków
Łużyckich 2021" jest współfinansowany
ze środków Europejskiego Programu
Współpracy INTERREG V A Brandenburgia –
Polska 2014–2020.*

EUROPÄISCHE UNION
Europäischer Fonds für
regionale Entwicklung

UNIA EUROPEJSKA
Europejski Fundusz
Rozwoju Regionalnego

BB-PL
INTERREG V A
2014-2020

"Barrieren reduzieren - gemeinsame Stärken nutzen" / „Redukować bariery – wspólnie wykorzystywać silne strony"